AQUARIUS

AQUARIUS

AQUARIUS

AQUARIUS

Vision

一些人物，
一些視野，
一些觀點，
與一個全新的遠景！

有毒的話語

LES PAROLES PERVERSES：les reconnaître, s’en défaire

親密關係裡的話語控制

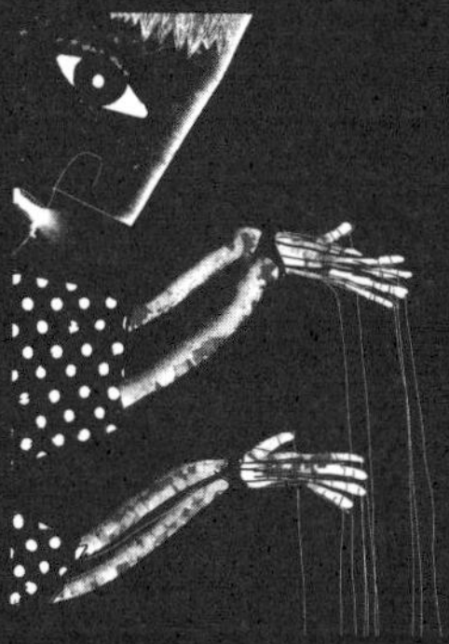

羅伯特・紐伯格（Robert Neuburger）著　楊燕萍譯

獻給在親密關係中無法好好溝通的人

【推薦序】一種在痛苦及折磨關係中的生命消耗

蘇絢慧（諮商心理師，璞成心遇空間心理諮商所所長）

自古以來，人類歷史的發展，一直存在著階層控制和剝削。尤其華人文化長久以來以禮教之名，行使各種各樣的手段，壓迫及虐待被認為地位低下的人民，或是奴隸、家僕。

如今，奴隸制度的解放，貧富之間皆有平等的基本人權和公民權的保障，但是那些長久以來潛移默化、不斷洗腦我們的階層思想、不平等制度、歧視文化、刻板印象……仍是不停地左右我們的情感和行為，受無意識很大的操控，以致於雖然社會強調人人平等，我們仍在自己的生活中、關係中、人際交往中，任由各種階層控制和不對等的侮辱、歧視、嘲諷、輕蔑的話語發生，一味地要自己忍耐、不要有感覺，或是呈現自我質疑和自我貶抑的無力感。

特別是，在親密關係和親子關係，這樣的現象尤其顯著。為什麼呢？因為這兩種關係，雖然以姻親結合或以血緣構成關係，卻往往被認為是「最沒有權利」的關係；只要有一方強勢壓迫、家庭地位較高、經濟條件優勢，他幾乎可以任意對待親密關係中的另一個人，或家庭中的另一個成員。這樣的成員，不具威脅性，同時最不需要考慮「界限」的存在，彷彿他的存在，理所當然要被壓迫、羞辱和控制。

控制的方式，常見有四種形式：話語控制、情緒控制、暴力控制和經濟控制。而無論是哪一種控制，都還是以情感操控為主要目標。因為對人類生活來說，渴求愛與情感仍是不可或缺的基本需求。我們活著不只單靠食物，我們想要追求重要感、價值感，也期盼擁有幸福和親密。

然而，當這些基本的生命價值需求和對情感的渴望，遇上了階層及不對等的關係時，它就成了控制者握在手中的籌碼，和可以行使情感操控的利器。

這一本由法國精神分析學家羅伯特・紐伯格所撰寫的《有毒的話語——親密關係裡的話語控制》帶我們端詳清楚這當中的操縱手段和陷阱。只要控制者確認了對方的低自尊、低自我價值感，以及自我認同的不穩定和自我發展受損，那幾乎可說是操控者的嘴邊肉、手中玩物，隨時都有被吞噬和擺布的危險。

為什麼有毒的話語最容易隱藏在親密關係中呢？為什麼在愛人嘴裡最殘忍、傷人的控制話語，我們卻聽得渾然不覺，甚至還深深地自省，是否自己還做得不夠好，以至於得不到對方的滿意和肯定？

越是強調自我反省，對自己充滿批評和否定的人，在親密關係裡，越是需要對方的認同和肯定。而越是死守彼此對外封閉的親密關係，操控的情況也會衍生得越大。如本書所言，有毒的話語的危害性，主要在於控制者用看似符合某種邏輯的話語，隱藏了自己真正的目的。控制者以善意的偽裝，說著迷惑人的、似是而非的話，來操控另一個人的思想能力，以及引發不明的情緒作用。

進行控制的人不一定是「病態自戀者」：只要條件允許，每個人都可能實施這種話語控制。當控制者想要掩飾某種行為或目的時，情感控制往往是他們最常用的手段。情感控制很大程度上與受控者是否容易被激起內疚感、羞恥感或同理心有關，而且取決於受控者是否信任這段感情或控制者本人。所謂的控制，是為了說服「受控者」，讓他們去接受或面對一些強加在他們身上的、棘手的、讓人痛苦的，甚至是令人震驚卻不得不強迫承受的情況。

在社會新聞中，許多家庭暴力、虐待事件或是情殺案件，我們可從中看見話語控制和情感控制大量地存在。但那只是冰山一角，在未發生成社會事件或案件之前，他們就如我們一樣，習於這樣溫水煮青蛙的過程，聽些似是而非的道理，或聽人詭詐狡辯的言詞，慢慢地習以為常，難以再清晰思考和辨識，究竟在關係裡的真相是什麼。

話語控制是一種讓我們淪陷在痛苦與折磨關係下的生命消耗，其對身心健康的損害，及對與社會連結及信任的破壞程度都相當嚴重。然而，只要我們覺察及覺醒，擺脫話語控制不是不可能的。過程需要經歷幾個必要的步驟，這也是本書非常重要的貢獻。不論我們是話語控制的受害人，或是身為專業人士，唯有充分地認識及意識到控制是如何發生的，我們才可能進行調整，解開被控制的操縱鎖鍊，即時求生。

【前言】有毒的話語，往往隱藏在親密關係中

愛是恆久忍耐，又有恩慈；愛是不嫉妒；愛是不自誇，不張狂，不做害羞的事，不求自己的益處，不輕易發怒，不計算人的惡，不喜歡不義，只喜歡真理；凡事包容，凡事相信，凡事盼望，凡事忍耐。愛是永不止息。

——保羅，《哥林多前書》

「親愛的，你怎麼能覺得我在騙你呢？我只是太忙了。」男人對女人說。

女人因男人總是不在身邊而感到擔憂，而男人熱情的減退，也讓女人感到不安。

傷人的言語、錯誤的推理、語言的陷阱，簡而言之，**有毒的話語越來越頻繁地出**

現在有感情問題的伴侶之間。實際上，這是同居暴力的表現形式之一。

近年來，這類行為被歸為「病態自戀」（pervers narcissique）。「病態自戀」這一概念由精神病專家、精神分析學家保羅・克勞德・拉卡米耶（Paul-Claude Racamier）在二十世紀八〇年代末提出，指的是精神變態的一種特殊表現形式。這一概念，隨後被阿爾伯托・艾格爾（Alberto Eiguer），特別是被瑪麗—弗朗絲・伊里戈揚（Marie-France Hirigoyen）繼承、推廣，被用來解釋在伴侶爭吵中，扮演控制者一方的行為。

自體心理學家科胡特（Heinz Kohut）認為，自戀是人類的一般本質，每個人本質上都是自戀的。他解釋：「自戀是一種藉著勝任的經驗，而產生的真正的自我價值感，是一種認為自己值得珍惜、保護的真實感覺。」自戀超過一定限度，就成了病態自戀。

病態自戀者對自己的才能、魅力和自我價值的認知極度膨脹，非常不符合現實。他們的自我知覺是虛浮、誇大的，這樣的社會認知模式對他們的人際關係，尤其是親密關係，有著重要影響。

首先，病態自戀者容易受到強烈的自利偏差的影響。

如果事情順利，他們就把所有的功勞歸於自己；如果事情不順，他們是不會承擔一點責任的。他們對他人怎樣對待自己的記憶，也常出錯；他們記得的接納和讚許比實際上得到的要多，但仍然傾向於認為自己沒有得到應得的禮遇。

的確，他們特別無法容忍別人的拒絕，過分的自尊使他們對臆想中的怠慢特別敏感，容易反應過度。

由於自我膨脹，一旦他們判定別人不尊重或不關照他們，他們就會感到非常委屈，進而做出比常人更憤怒、更具攻擊性的反應。

而且，他們建立親密關係時，從長遠來看，不會像其他人那樣忠於伴侶。他們的特權感使得他們四處尋找比目前更合意的伴侶。他們也不會去努力取悅目前的伴侶，卻總是認為自己應該得到「更好」的待遇。

顯然，病態自戀者是相當糟糕的伴侶，但要一開始就把他們識別出來，卻非常困難。因為他們起初表現出來的自信很有吸引力，常常要花很長的時間，才能認識到他們是多麼自私、小氣和暴躁。

病態自戀者常常具有「致命」的吸引力，但長期來看，這種吸引力卻是要人命的。這就給人們帶來了挑戰，在判斷未來的親密伴侶時，要盡可能地運用辨別力和洞察力。

但是在我看來，純粹為了獲得控制的愉悅感而實施控制的情況並不常見。大部分實施話語控制的人，其實不一定是所謂的「病態自戀者」。最常見的情況是，實施控制，比如說欺騙，是為了隱藏可能引發伴侶問題的某種行為，儘管這樣做，可能後果相當嚴重。

本書的寫作目的，是幫助讀者識別控制的情境和行為，表達自己的感受，發出預警信號，以免受到由此帶來的心理傷害。

很多時候，憂鬱，甚至精神錯亂之所以產生，是因為我們需要獨自面對虛假資訊：直覺或感受告訴我們事情沒有那麼簡單，但是伴侶卻試圖說服我們。我們並沒有看見我們所看見的，我們不必相信我們所相信的。

為什麼在感情生活中，一個人（有時候則是雙方）要用語言去誘導另一個人掉進陷阱呢？為什麼人們常常看不出話語中的毒素？在伴侶之間，如果條件允許，有些人就會以有毒的方式表達自己的想法和感受，另一些人則可能受到這些似是而非的話語的傷害。

話語控制和語言錯誤這兩個詞指的不是同一個概念。語言錯誤指的是說出來的話，不符合約定俗成的語法規則；話語控制則是一種有意為之的行為，多數情況下是為了蒙蔽對方，達到某種目的，也可能是為了馴服對方，使對方病理化。

需要強調的是，在這裡，「控制」一詞並不是說控制者這樣做，是為了使對方不痛快。如果是的話，那就是這個人的個體問題了。這裡所說的控制，是在某種情況下，伴侶之間脫口而出的、具有欺騙性的話語。

伴侶的兩人世界與外部世界之間隔了一層紗。伴侶之間發生了什麼，外人很難看透。在這樣的情況下，悲劇有可能會發生。話語控制可能會被用來蒙蔽對方、讓對方羞愧，或是斥責對方。

親密關係是一個小型的溝通實驗室，人們在這裡學習和使用各種溝通技巧，從最平常普通的，到最卑劣骯髒的、具有危害性的，嚴重的，甚至可能讓人憂鬱或患上精神病。

學習識別這類語言陷阱，有助於擺脫其帶來的困境，更何況，這種情況不只發生於伴侶之間，在職業生活中、在醫療和宗教事務中，我們也會遇到這種情況。

本書談論的是伴侶之間愛情的幻滅，以及使用「有毒的話語」的情況。哪裡有幻滅，哪裡就會萌生有毒的話語。

在伴侶之間，唯有彼此相愛，才能保護他們免受有毒的話語的傷害。

目錄

目錄

目錄

第七章　如何擺脫話語控制？

第一章　親密關係的盲目性：吸引、信任、幻滅

愛情盲目的那一面令我很感興趣。人當真會看不見擺在面前的事實嗎?強烈的情感是否真能改變人的視角,讓假的變成真的,而令真正的事實無處可尋?

——愛麗斯・霍夫曼,《奇蹟博物館》

吸引的風險：

當我們被一個人吸引時，我們會對這個人敞開心扉，信任他。這時，就可能被對方控制。

任何惡意的控制行為，只有在雙方建立了緊密關係的情況下，才能有效。

起初，一對伴侶是因為一方被另一方吸引，或者相互吸引才走到一起。這時候，一切都沒有問題。

就如同一個人帶著另一個人跳舞，在這個過程中，有對對方的愛慕，有對自愛的追尋。舞蹈的節奏有快有慢，從悠揚的華爾滋到激烈的搖滾，從克制的愛慕到洶湧的熱戀。但是，**吸引也是一個人對另一個人施加影響這一複雜過程的第一步。**

當我們被一個人吸引時，我們會對這個人敞開心扉，信任他。這個時候，經由微妙的暗示，一方就可能被另一方控制。

如果關係出現了不平衡，比如一方對另一方的愛戀消散，他們之間的關係就可能被惡意利用，導致一方對另一方施加控制。

把關係建立在魅力吸引上，是有風險的。其中一個風險就是可能會遇到肉食性動物。

這類人只熱衷於享受勾搭的樂趣，其他的，在他們眼中，什麼都不是，更談不上什麼承諾了。在這種情況下，話語控制從一開始就出現了。

最常見的情況是，雖然愛是兩人建立關係的基礎，但一方已經不再愛另一方了。

如果不愛的一方想要維持這段關係，或者相反，他想要結束這段關係，那麼他或多或少就會實施一些巧妙的話語控制，**排在第一位的是說謊**。

別忘了，吸引之所以存在，是因為每個人，為了生存，都需要建立完美的關係，擁有忠誠的伴侶。

即使兩個人的關係是建立在對等的基礎之上的，你屬於我，我屬於你，彼此承諾，又有歸屬感，這段關係還是可能會變質。最終，其中一個人會想要離開他的伴侶。儘管這會牽涉到社會、家庭，甚至是財務上的問題。

沒有幻滅，就沒有控制：

當一方無法把對方當作欲望的對象時，愛情就幻滅了。幻滅最常見的就是出軌。

「幻滅」這個詞聽起來很消極，容易讓人聯想到憤怒、絕望，甚至背叛等感覺。事實上，這個詞的意思是：不再被幻象所迷惑。

這其實是一件好事。人類是尊重並渴求真相的。不趕走幻象，我們就看不到真相，我們就會像被禁錮的囚徒，永遠無法得到真正的平靜與滿足。

親密關係能夠驅散我們對愛的幻想。當我們對伴侶感到失望，覺得自己似乎錯了的時候，幻滅就開始了。或許，我們身邊的這個人，並不是我們快樂的源泉。

一開始，我們也許會覺得選錯了伴侶，而想要另找一個。但是，只要有期望，就會有失望。最後，就連無可救藥的浪漫主義者，也會明白我們快樂的源泉並不在別人身上。

幻滅是靈魂給我們的禮物，讓我們能從「向外尋求快樂」的錯誤思想中跳脫出來。然而，幻滅的過程也可能不是瞬間崩塌的，它可能需要耗費很長的時間，就像從一磚一瓦開始拆除一座大教堂一樣。

這裡所討論的幻滅，在大多數情況下都會滋生出話語控制，並可能對受控者造成心理傷害。

親密關係是一種情愛關係。一旦愛情幻滅，這一層關係就不復存在。也就是說，他們對彼此失去了「性趣」。兩人的關係，逐漸轉變為夥伴和親人。這種對於親密關係和家庭關係的混淆，是導致兩個人幻滅的最常見的原因。

幻滅在這裡不該被理解為對對方沒有感情了，而應該被理解為自己無法再把對方當作欲望的對象、當作可以增強自己作為男人或女人的感覺的對象。而在當今，這兩樣東西，恰好是人們希望經由結為伴侶所得到的。

實際上，幻滅最常見的結果就是出軌，而且不能被另一半發現。因此，實施話語控制不一定與控制者的人品有關，這是一個與情境相關的問題。

如何掩飾自己已經不再愛對方了？如何隱瞞第三者的存在？如何心安理得地離

開現在的伴侶？相對應地，當對方很明確地給出不再愛你的信號時，如何留住對方？

除非能盡早識別出這些有毒的話語，以及它們的含義，否則，這類情況對當事人來說，是很危險的。

為什麼我們不知道自己正在被控制？

付出越多、關係越親密、個體越脆弱，受到控制的可能性就越大。

在大多數情況下，伴侶之間發生的事情都是當局者迷，旁觀者清。為什麼會這樣呢？**為什麼受控者會被長期蒙在鼓裡，無法正確認識他與伴侶之間的關係？原因就在於吸引。**

吸引使得一方對另一方產生信任，信任是吸引的結果。阿爾弗雷德・德・繆塞（Alfred de Musset）說過：「沒有信任的愛情是不存在的。」這就是問題的癥結所在。

當我們被吸引，我們會坦露隱私

在純粹的關係中，信任得不到外部支持，必須基於親密關係才能得以發展。信任是對對方充滿信心，也是對共同抵制未來創傷的能力充滿信心。這不僅僅是信譽的問題，因為信譽本身就是問題。信任對方，也是拿個體實際上能否誠實做人的能力做賭注。

當我們被對方吸引的時候，我們會向對方坦露自己的隱私。還有什麼方式比這更能顯示我們的信任？當然，我們還需要瞭解一下我們所說的是哪種隱私。

隱私涵蓋了三個方面：身體、思想和行為（開車、做飯、修理東西、打掃等等）。在吸引存在的條件下，信任可以是一方面或多方面的：允許身體接觸，允許介入生活中的隱私，允許分享回憶、想法和幻想，以及為了親密關係的建立而去平衡，甚至放棄個人能力。

某天，一位來訪者跟我談到她的感情經歷：「我並不打從心底裡認同這些戀愛關係。」她的意思是說：我雖然跟一個男人上床了，但是這並不表示他擁有了我。的確，我把身體給了他，但是我隱私中的其他部分，比如感情或其他方面，他是無法介入的。

另一位來訪者告訴我，她無法想像一段沒有全身心投入、沒有完全向對方展露隱私的親密關係，是什麼樣子的。

在小說家巴斯卡・季聶的筆下，希臘神話中的女巫瑟西（Circé）曾對尤利西斯（Ulysses）說：「把你的劍收回劍鞘中，尤利西斯。來我床上。我們一起睡吧，成為戀人之後，我們就能相互信任了。」

如今，信任被認為是親密關係中「獨一無二」的價值，**沒有信任的親密關係是不存在的。**

然而，**我們越是給予更多的信任，我們就越是有可能遭到背叛。**

信任一定會蒙蔽當事人的雙眼，也就因此為控制打開了一扇大門。

在親密關係中，比起盲目的信任，還是保有一定的警惕心為好。信任並不是一種能夠無限擴展的品質。

信任使人盲目

令人感到奇怪的是，現在人們已經不講忠誠了，雖然忠誠也是親密關係中的一種價值。

以前，在古羅馬時代和中世紀時期，信任—忠誠是等級制度中的一種契約關係，那個時候的主僕契約中，有如下約定：封建君主給予其僕從信任，作為交換，後者要對前者保持忠誠。僕從不能背叛其君主，在任何情況下都要支援君主；相對應地，君主要保證不拋棄其僕從，並保護後者。

在伴侶之間，信任—忠誠這份心照不宣的契約，被認為是相互承諾的結晶：每個人都要信任對方，保護對方，要忠誠，不能辜負對方的信任。沒有忠誠，信任就失去了它所依靠的根基，信任因此變得危險——因為信任使人盲目。

在親密關係中，忠誠這一概念讓雙方都去關注對方在這段感情中付出了什麼。如果不忠的行為能因此被迅速揭穿，就能避免被蒙蔽和被控制。

一個人如果盲目地信任對方，他就會很容易接受對方的暗示。這時，他就不能正確判斷對方所說的話。如此一來，因為有意識或無意識地接受了控制者的暗示，暗示就開始起作用。

控制者使用的技巧大多取決於對方的心理狀況及其對感情的投入程度。很明顯，付出越多、關係越親密、個體越脆弱，受到控制的可能性就越大。這種情況對夫妻或情侶來說，是很危險的。

在親密關係中，兩個人應該保護雙方建立起來的隱私，也就是要保護隱私不被侵犯、不會被洩露或透露給外人，保證不會「洩密」。在親密關係中，隱私是不能對外的，因此當出現控制行為時，隱私會讓問題變得更加嚴重。

兩個人的關係越是親密，受到控制的可能性就越大。

第二章　控制的五個原因

人有一種可怕的欲望，想要窺探別人的內心，傳遞自己的恐慌，為別人和自己一樣悲傷、恐懼而感到安慰，想要操縱別人，在得知別人受到自己影響時自鳴得意。這些都是難以啟齒的，我們心中的惡魔。

——奧爾罕・帕穆克，《白色城堡》

要記得，有毒的話語的危害性，主要在於控制者用看似符合某種邏輯的話語，隱藏了自己真正的目的。控制者以善意的偽裝，說著迷惑人的、似是而非的話。

實施控制的人不一定是「病態自戀者」。只要條件允許，每個人都可能實施控制，在親密關係中，這樣的機會多的是！除了剛才所講的吸引，還有五個實施話語控制的原因：隱瞞某些事情、改變對方或為自己辯護、挽留對方、逼走對方，以及詆毀對方。

隱瞞某些事情：

百分之九十都是想隱瞞婚外情。

常見的情況是，夫妻或情侶中的一方，想要隱藏某些可能會危及雙方關係的行為，其中百分之九十都是婚外關係。

這裡面也包含了多種可能，比如不再愛對方了、對對方失去了「性趣」、同性戀、私底下在經濟上幫助某些家庭成員、被解雇、破產、生病，或者是，重組家庭中的一員，頻繁看望和前任所生的小孩（以迎合伴侶）等等。這些情況下使用的控制技巧不容小覷，因為它們的目的是蒙蔽對方。

改變對方或為自己辯護：

「你就是想讓我內疚！你總是這樣，你從來不承認自己犯的錯！」

要求另一半改變行為、習慣，是很棘手的事情，通常都會產生反效果：這樣的要求會被當作批評，有時候甚至會被當作攻擊，轉而引起對方的反擊，對方會以多少有點道理的指責來回敬你：

——「你想讓我承認是我的錯，是吧？」

——「不是啊！我只是想讓你不要……」

——「你就是，你想讓我內疚！而且，你總是這樣，你從來不承認自己犯的錯！」

然後，兩個人就開始吵起來了……互相指責，有時候甚至是對罵，每個人都試圖——以自己在這方面不可否認的才能——讓對方感到不快。

最後，得出的結論是對方沒有改變，自己也沒必要改變。

互相指責

在一個性別越來越平等的世界上——即便這種平等遠沒有完成，兩性都要徹底改變對彼此的看法和行為。

互相指責並不能使提出的要求得到接受和採納。也許提出要求的人，會嘗試其他的方式，更巧妙一點的，有時候甚至是更有風險一點的，直至找到「好的」、能讓自己的要求得到滿足的提出方式。

挽留對方：

「你怎能離開我？」

在這種情況下，**控制行為的發生是為了留住想要疏遠自己，或是想要放棄這段感情的人。**

如果是要挽留疏遠自己的人，控制者放出的信號會是分散的，但也能感覺到被疏遠的距離感。

如果要挽留想要放棄這段戀情的人，控制者放出的信號則很明確：如果還繼續這樣的話，我就離開（言下之意：挽留我）；甚至更明確：我要離開了。

讓人絞盡腦汁維持親密關係的原因很多，可能是因為一方還愛著另一方，可能是為了維持表面的關係，或是因為財務方面的牽扯。這個時候，控制情感（使對方內疚、情感勒索、威脅）便會如約而至。

逼走對方：

從心理上打擊，反覆羞辱、損害對方的尊嚴等。

這種卑劣的行為是很危險的。

控制者從自身和金錢的角度上考慮，認為以這種方式離開對方，自己的損失更小。一切的打算，只是為了讓不再被愛的一方，先提出離開！

在這種情況下，控制者會故意破壞雙方的關係，指責對方讓生活變得不堪忍受。

為了達到目的，他主要會從心理上進行打擊：反覆羞辱、損害對方的尊嚴等等。

詆毀對方：

孤立對方，讓他在親人、孩子、朋友，甚至是法律面前，失去信譽。

這裡講的是暴力指責，旨在孤立對方，讓他在親人、孩子、朋友，甚至是法律面前，失去信譽，向眾人呈現自己建構出來的對方的形象，或者實施報復。最惡劣、最具破壞性的控制手段，在這個時候都會用上。

這種情況，通常出現在兩個人分手和離婚的時候，在家暴發生後，也能見到。

家暴的實施者，通常是男性，會試圖將受害者描繪為說謊者和始作俑者。

不同的手段，同一種武器——語言：

分為情感控制與精神騷擾，以及一系列譴責、抹黑、摧毀對方的行為。

控制的原因各式各樣，控制者使用的「武器」卻只有一個，那就是語言。

如果用語言學家的觀點來解釋，就是使用語言來規劃和組織對方的想法。在手段上，花樣也是層出不窮。

如上文所述，控制者常常會嘗試多種手段，以便找到那個對他來說最有效的……儘管如此，我們還是能把這些手段歸為三組，或者說三類，有平凡無奇的，也有極為陰險、狡詐的：情感控制、精神騷擾，以及一系列譴責、抹黑、摧毀對方的行為。

想要知道自己是不是控制的受害者，並不容易，因為控制的目的就在於讓我們對自我和自我感知產生懷疑。

雖然有些控制是比較顯而易見的，但是**那些最有害的，恰恰是最難以看透的。**
想要看清這些控制行為，首先要能識別它們、定義它們、闡述它們。
這也是以下三章的主要內容。

第三章　讓你有苦說不出：情感控制

我們都有情感的需要：只要有人懂得如何訴諸我們的情感，就能欺騙我們，操縱我們。如果我們能夠辨認出它們，就有可能避免受到欺騙和操縱。

——羅伯特・古拉，《有毒的邏輯——為何有說服力的話反而不可信》

當控制者想要掩飾某種行為或目的時，情感控制是他們最常用的手段。

情感控制在很大程度上與受控者是否容易被激起內疚感、羞恥感或同理心有關，而且取決於受控者是否信任這段感情或者控制者本人。

控制是為了說服「受控者」，讓他們去接受或面對一些強加在他們身上的、棘手的、讓人痛苦的，甚至是令人震驚的情境和狀況。

這裡並沒有列出所有可能被控制的情感，我只列出了其中最常見的。但是我們都知道，人類的想像力是無窮無盡的……

內疚感：

「你給我的陪伴少了，你對我的關心少了，我才會出軌。」

蕾娜，四十歲，結婚十五年。「這麼多年了……」她說，「以前，我和我先生的感情很好。雖然我們待人的方式很不一樣（他外向，我內斂），但我們以前一直配合得很好，或者說我們曾經覺得我們相互之間是一種有益的互補。但是，孩子長大了，隨之而來的問題，導致我們這兩三年來過得不太好，災難由此而生：去年，我發現他出軌了。

「他沒有否認，而是試圖狡辯：我給的陪伴少了，我對他的關注少了，我見他見得少了……雖然我很受傷，但我還是試著理解他，從自己身上找原因，我想要挽救我們的關係。

「然而事到如今，我已經無法掌控事態的發展：我沒辦法忘記。即使他給了我承諾，我也無法再相信他。甚至，我做出了連我自己都不能理解的行為：我經常查看他的手機，他遲到了，我就會驚慌，我意識到我變得不可理喻。

「他提醒我，叫我別把他逼急了，但是沒用，沒幾天，我就又控制不住我自己了。每一次，我都控制不住要發火。我們的愛情好像就此被他殺死了一樣。

這意味著我不愛他了嗎？我認為不是的：相反，這使我知道我愛他勝過一切。但是，我要怎麼做，才能在他硬下心離開我之前，讓自己平復下來，去原諒、去找回過去……」

顛倒是非黑白

蕾娜的苦惱並不難理解：她的丈夫顛倒了是非黑白。他不但不承認自己做了不好的事情，反而想方設法讓蕾娜內疚，指責她該為出軌的事情負責，因為她陪伴的時間少了、給的關心少了，甚至是見面次數少了，而他才是受害者！這種顛倒黑白的行為，也許正反映出男方知道是自己做錯了。

如果他真的對蕾娜不滿，他應該將不滿告訴蕾娜，而不是做出出軌的行為。這種對事實的顛倒，讓蕾娜感到困惑。

她愛他，所以她很難意識到自己才是受害者（而對外人來說，這是顯而易見的）。這也解釋了她那些表面看來不理性的行為是從哪裡來的，而她的這些行為，也反映出她處在一種不正常的環境中。

讓對方內疚是最常見的話語控制手段。它依賴於對方感知罪惡感的能力。這種能力是經由教育灌輸給我們的，由此可見教育的作用。正常情況下，我們都曾經感受過罪惡感，也曾經讓別人產生過罪惡感。

讓人內疚的三種類型

讓人內疚的手段，可以分為三種類型。一個女人感覺到丈夫在疏遠她，對她態度冷淡，不再碰她。女人很擔心，便去問丈夫什麼情況。

第一種類型，丈夫會回答說：「看看我工作上這些事，你就會懂了！」或者「不是我疏遠你，是你沒有時間。你要出差，要陪孩子，要陪父母什麼的。」又或者「我不知道你有什麼好抱怨的，你連感覺被愛的能力都沒有了！」

第二種類型，丈夫會回答說：「我受夠你的這些要求了。你要再這樣，我就走了。」

至於第三種類型，女方聽到的回答會是：「我不明白為什麼你就不懂我，我不能一心多用啊。你站在我的立場想想看……」

控制者會根據自己的目的，來選擇相應的控制手段。例如在兩個人要分手的時候，想要先結束關係的人自己會感到內疚，而他們讓自己擺脫內疚感最好的辦法，就是讓對方來承擔分手的責任：「我離開你，是因為這些年來，你一直都在忽略我，你沒有做任何努力讓我能夠繼續愛你，你的心思都在（以下幾種情況任意可選）孩子／工作／家人身上……」「你那方面不行。」「我在你眼裡什麼都不是。」「你的注意力從來就沒有放在我身上。」……

除此之外，還有：「你根本不顧及別人的痛苦，我說的不只是我的痛苦，反正你也不在乎。但是請你想想孩子們，想想他們要承受的，想想你給他們創造的生活，想想他們對你的信任！」

但這個辦法也不總是能夠奏效。例如，女方向男方開戰，試圖讓他內疚，而後者也可能會以同樣的方式回擊。

當然，女方不會任由對方這樣汙蔑自己，於是列出更多的證據，甚至言詞激烈地指責對方。男方也不示弱，藉此發洩以往埋藏在心中的不滿，從頭開始翻舊帳……

如此一來，幾個月後，這兩個人恐怕都可以成為讓人內疚方面的專家了。

羞恥感：

開玩笑、羞辱、取笑、斥責、揚言報復，都會讓人產生羞恥感。

另一種手段，我們常常把它與前一種相混淆，則是利用我們能夠感覺到羞恥的能力。你可以同時既感到內疚，又感到羞恥。

一位來訪者告訴我，她小時候常因自慰感到內疚，被她母親撞見，又感到羞愧難當。

「我知道你在幹什麼。」她母親陰著臉說，「以後別這樣了。」

來訪者還感到恐懼，因為她是純潔的天主教女孩，手淫會讓她永世不得翻身。

羞恥與內疚的差別

或許你的人生中也有這種內疚與羞恥融為一體的時候。但是，羞恥與內疚有一些重要的差別。

首先，內疚感涉及個人行為本身的正當性，也就是因為自己做了錯事而自覺有罪，懊悔自責；而羞恥感則主要涉及別人的看法和外界的評判，行為本身倒不見得有什麼錯誤。例如在上面的例子中，手淫本身並沒有罪，手淫帶來的罪惡感是經由羞恥感強加上去的。

其次，兩者之間的重要差異在於，**感到羞恥的人通常受到自身缺點的困擾，而充滿內疚的人，則注意到自己的違規行為。**

有羞恥感的人常常認為自己不夠好，因為他們沒有達到人生的目標。他覺得自己不如同事那麼聰明，不如母親那麼優雅，不如老師那麼和善，不如朋友那麼有趣。

相反，格哈特・皮爾斯（Gerhart Piers）和密爾頓・辛格（Milton Singer）在他們合著的《羞恥與內疚》（*Shame and Guilt*）一書中寫道，心生內疚的人則認為自己做得很過分。他會對自己說：「我真希望自己沒有做過那件事。我傷害了別人，感覺太糟糕了。」

最後，羞恥與內疚之間的差別在於，**深感羞恥的人害怕被拋棄，而心生內疚的人擔心受懲罰。**

前者害怕被拋棄，是因為他覺得自己有太多的缺點，不配得到別人的愛或珍視。有的人非常不喜歡或不尊重自己，他通常會以為，別人只要意識到他不夠完美，就會頭也不回地離開他；後者預料和擔心自己受懲罰，因為他做了錯事，必須付出代價。他害怕的懲罰有輕、有重，輕則打手心，重則蹲監獄。

羞恥感可能比內疚感更難治癒，因為它涉及個人的自我概念，而非特定的行為。

感到羞恥的人要改變自己的自我概念，以便獲得新的自我概念和自豪感。這通常是一個緩慢，有時甚至是痛苦的過程，包括深刻審視我們對自己在這個世界上的地位的基本假定。

羞恥和內疚混雜，難以區分

有時候，令我們感到羞恥和內疚的問題相互混雜在一起，到最後，幾乎變得不可能區分它們。例如，有的人一開始就問自己：「我怎麼做了那樣的事？」在發問的時候，他的注意力要嘛集中在「我」上面，要嘛集中在「那樣的事」上面。如果是後面這種情況，「我怎麼做了那樣的事」，暗示著關注那種行為、違規以及內疚感。如果是前面那種情況，「我怎麼做了那樣的事」，意味著關注自己的身分、缺點和羞恥感。人們很容易依次或者同時提出這個問題的兩個部分，從而使內疚感引出羞恥感，反過來也一樣。

經由激起對方的內疚感，可以讓對方知道哪些是不應該做的，哪些是被禁止的；經由激起對方的羞恥感，可以告訴對方應該做些什麼，維持雙方關係的體面，尤其是不能損害雙方關係的對外形象（比如，對某些事情保持沉默）。

兩個人都深信對方會主動地、一點一點地去建構在朋友和家人眼中和睦、團結，甚至是相愛的對外形象。這種信任，讓雙方對這段婚姻關係產生自豪感和相互之間的歸屬感，並形成最基本的安全感。

很多人都隱瞞了婚姻關係中的苦痛、暴力，或者幻滅，這種情況往往發生在違背家庭意見而結婚的夫妻身上。

在這種情況下，暴露婚姻中的問題就會引發羞恥感，因為他們肯定會得到如下的回應：「我們早就告訴過你會這樣的了。」

羞恥感是因為自己在某個方面的表現與周圍環境的標準不同而產生的羞恥情緒。開玩笑、羞辱、取笑、斥責、揚言報復，都會讓人產生羞恥感。因此，一位四十多歲的女人在說到她丈夫已經十五年沒有碰過她的時候會感到羞恥，哪怕談話對象是她的諮商心理師。這種羞恥感來自她的丈夫，他用行動向她表明，揭發他，會對周圍的人，特別是對他們的家庭產生負面的影響。

控制者如何得知受控者在這方面比較敏感呢？我再重複一次，**經由不斷地試錯。**

控制者先嘗試使用某種手段，他自己也不確定它能不能奏效。如果沒有達到想要的效果，他就會嘗試別的手段。

有些控制者知道受控者的弱點，有些則不知道。這裡再次說明，**話語控制是雙方互動的產物。**某種手段也許能夠控制某個人，但是在另一個人身上，卻起不了作用，再加上有很多人為了不被控制，會求助於諮商心理師，這樣一來，控制的手段就需要不斷完善……「遊戲」變得越來越複雜！

激起羞恥感的三種方法

激起羞恥感有三種方法。控制者可以經由在親人、朋友或其他人面前，或是埋怨，或是提起，抑或是指出受控者應該做卻沒有做的事情。

控制者還可以威脅受控者，要讓後者為其所作所為而感到羞恥。比如，在親朋好友的聚會上過量地喝酒，然後在這種情況下，控制者告訴受控者，如果後者膽敢向家人透露一丁點他們之間的問題，他就會毫不猶豫地在家人面前把事情鬧大。最後，控制者可以向旁人揭露（或者威脅要揭露）兩人之間的親密行為。

某個女性控制者會毫不猶豫地告訴她的諮商心理師，她丈夫比較喜歡哪種親密行為，而這種隱私資訊，顯然是她丈夫不願意向第三者透露的。

互相揭露對方不當行為帶來的羞恥感，以維繫住婚姻

蘇菲出生於一個富裕的家庭，已經結婚十幾年了。她來找我諮商。她發現她的丈夫巴斯跟她的朋友有一腿，氣得發狂。

蘇菲和巴斯有兩個孩子，交際廣，朋友多。蘇菲和娘家保持著緊密的聯繫。巴

斯出身平凡，也沒有蘇菲家那麼有錢。

蘇菲談及出軌這件事的時候，我有些吃驚：她沒有先訴說丈夫的不忠所帶來的痛苦，而是威脅萬一巴斯出軌的事被大家知道了，周圍的人會如何反應。

她說，她的丈夫會被當作一個骯髒的人而被拋棄，特別是被蘇菲娘家這邊的人。因為他從事的是自由業，所以他還可能會因此丟掉一大半的客戶。

在蘇菲氣勢洶洶地說出這些話時，巴斯一直保持著冷靜，也沒有為自己辯解。蘇菲說完後，閉上了嘴。

巴斯開始說話，提起他們結婚第一年發生的一件事，一件他從未提起的事。他說，那個時候，他發現妻子跟前男友還保持著聯繫，甚至還發生了關係。然後，他開始說，如果他對外說起這件事，將會對她造成什麼影響，她周圍的人又會怎麼看她！

多年來，巴斯守著這個定時炸彈，沒有對外說起。他的婚姻於他是一種「社會階級的上升」，他並不想對他的婚姻提出什麼檢驗。**用激發羞恥感來對抗激發羞恥感。**

這麼晚才得知丈夫知曉自己之前出軌的行為，蘇菲驚呆了。之前說出的那些威脅的話，只能嚥回肚子裡。

這對夫妻竟然靠著互相揭露對方的不當行為所帶來的羞恥感，維繫了兩人的婚姻！

擔憂、自憐、同理心：

有時這被認為是情感勒索，特別是以威脅要自殺的形式出現時。

有些人會比別人更容易理解他人的不幸。這種**同理心很容易被控制者利用。**

一個女人發現丈夫對自己不理不睬，懷疑他在外面有人了。但是丈夫卻解釋，他的冷淡是因為他想起了他某個表親的去世，心裡很難過。

女人問男人，他表親什麼時候去世的。男人的回答很驚人，讓人懷疑他到底是不是認真的：「十二年前……」

引起對方的擔憂

面對分手的威脅，卻想要繼續維持雙方關係時，控制者會使用這種手段。感覺不到被愛，感受到對方的疏遠，意識到對方想要分手的那個人會成為控制的實施者。為了留住對方，控制者會找到替代戀愛關係的另一種羈絆（不再愛著對方，但卻想要維持與對方之間的關係時，控制者也會這麼做）。

這類羈絆有很多，最常見的，除了內疚以外，還有引起對方的擔憂。

雖然這種方法有時候是有效的，但它並不是一個好方法。它會強行讓控制者或者受控者身陷痛苦、沮喪，甚至是病理化的境遇之中。受控者會感到自己落入了溝通的陷阱中。

這類行為有時候會被認為是情感勒索，特別是當它們以威脅要自殺的形式出現時。有時候，我們很難區分哪些是真正的絕望，哪些是控制行為。

藉由引起妻子擔憂的方式，挽回他們的關係

安南，六十歲，是一名老海軍。從他的臉和胖胖的身材，能看出他經常泡在酒罐子裡。他的老伴，洛伊，是退休的大學教員，身材苗條而優雅。

洛伊言詞粗暴地說，她再也受不了安南了，雖然她以前討厭說髒話。

他們之間的問題是在兩個人退休以後出現的。從那以後，洛伊就開始抱怨。她不是抱怨安南沒事可做，而是抱怨他總是跟一些不好的人來往，跟一些無關緊要的人，去一些低級的場所打發時間，尤其是他還大量飲用酒精飲料。與安南相反，洛伊仍然活躍在她的研究領域。她馬上要出書了，還要參加會議、去旅行。

我知道安南這樣的行為是最近才有的。他以前很重視與他來往的人的素質，也很注重身材管理，並且一直堅持運動。

讓我們來重現一下這場悲劇的劇情：安南很愛洛伊，他等退休這一天，已經等了很久了。他盼望著退休以後，與洛伊的關係會更加親密。

但是，對洛伊來說，退休讓她卸下了教學任務這個重擔，從此她便可以專注於她鍾情的科研事業。如此一來，她就沒有時間陪安南了。

剛開始，安南選擇封閉自己。之後，他開始出去玩，但是去的場所和來往的人，都不討妻子喜歡，更何況，他妻子眼看著他的身體狀況由此下滑。

想要讓安南改掉這個習慣並不難，畢竟，他身體不好，不僅讓洛伊為他操心，他自己也會感到不便。

洛伊變得越來越獨立，安南則很在意洛伊的一舉一動。安南想要經由引起妻子擔憂的方式，來挽回他們的關係。

他這樣做，是因為他愛她。這種替代性的羈絆，對他來說是一個救生圈，他知道妻子不會放棄他這艘困境中的船……

看完了他們的問題，再來看看這感人的結局：一段時間以後，我偶然在街上碰到了他們。他們手挽著手，走在街上。

安南恢復了原來的身材，洛伊的臉上帶著笑容。

虧欠感：
「我為了你、為了孩子，付出了那麼多，你還來責怪我？」

「我為了你、為了孩子，做了那麼多的事情。我付出了那麼多，你還來責怪我？」

有些控制者會利用對方的虧欠心理來實施控制。另一些則剛好相反，他們會讓自己成為虧欠者，承諾有一天會償還。但正如我們所知，這一天永遠不會到來。

她覺得有責任，把他從毒癮裡解救出來

妮娜與一個有毒癮的人成了情侶（不幸的是，這種情況還十分常見）。她是一名主持人，經常參加市裡的社團活動。在一個夏天，她遇到了這個男人，並很快跟他確立了戀愛關係。男人的名字叫何賽，他沒有向她隱瞞自己吸毒的事。

「我還以為那都是過去的事了，但很快地，我就發現他還在吸。他會整晚整晚地一個人在廚房裡吸食古柯鹼。」

她叫他別再吸了。他嘴上說不吸了，但還是會背地裡繼續吸。

這些妮娜都知道，但是她愛他，她覺得自己有責任，把他從毒癮裡解救出來。

不斷借錢給對方

雖然何賽自己有收入，但他還是編造各種藉口，找妮娜借錢。妮娜也都給他了。

有一天，「他完全崩潰了，在我懷裡哭著，說他想要徹底戒掉毒品，說他需要我的幫助。他說他需要兩千歐元，後來他還把他父母給他買的人壽保險，也全都拿了出來，大概有五千歐元。我算是鬆了口氣。雖然這對我來說是一次大出血，但是如果能換來一個人的重生，那也是值得的。我們還去度了假，回來後，他在自己身上紋了一隻聖甲殼蟲，象徵著重生。當然，這也是我幫他付的錢。」

時間就這麼過去了，何賽一直在承諾要還錢，卻沒有做出行動。他仍然在吸毒，但「只是在聚會上」。

妮娜抱怨：「他叫我別說了，他說我不懂，說我雖然說得有道理，但是他已經做了很多努力。他說他也想擺脫毒品，但是，在聚會上嘛，他會看著辦的。」

「十二月的時候，他又跟我要錢。我崩潰了，我多少次想過要結束、要放棄。我給一個好像叫毒品資訊服務中心的地方打了電話。我不清楚自己是個什麼情況，他們告訴我，我應該為自己著想，保護好自己，說我應該有自己的底線。而且，其他人都不知道這件事，他的父親、母親、姊姊，以及他最好的朋友都不知道。只有我一個人在面對這件事情，而我覺得我沒有能力處理好它。他不願意告訴我他到底需要多少錢，於是這次要完了，下次又繼續要。」妮娜前後借了好幾千歐元給他。

讓自己成為虧欠者，以此控制對方

到今天為止，「他欠了我八千歐元。他從來不付房租，他銀行帳戶裡的錢，也全都被領了出來。兩年來，他每個月一千三百歐元的薪資都用來還債，而我甚至都不知道他還的是什麼債。

「我覺得很難受，於是我對自己說，錢不是最重要的，很快一切都會好起來的，就像吉卜林（Kipling）說的：『孩子，當你看到你畢生的心血毀於一旦，卻仍能俯身將其重建，你就真的成了一個男子漢。』

「每當我提起這個話題，讓他老實告訴我，這樣的生活什麼時候才能結束，他就會爆發，說他的破事他自己解決。他自尊心太強了，他對他自己的事感到羞恥。我因為幫不了他，心裡感到既疲憊又難過。

「雖然我不瞭解他的事情，我們仍然談論著我們將來的計畫，訂婚、出遊、生子。我現在也不知道，我不知道我能堅持走到哪一步。我真的覺得我可以相信他，相信下個月一切都會變好。我期望著我們可以從零開始去創造。

「我多希望他能跟我談談他自己，談談他的過去，談談正在一步步壓垮他的這個重擔。我曾經相信我們兩個人一起行動會產生更大的能量，但是他想要自己獨自解決。面對這樣的空白，我覺得孤立無助。我從來沒有像愛他這樣愛過別人。我並不是懷疑他的決心，我只是不明白為什麼他要選擇獨自面對。」

這個例子很明確地向我們展示了一段戀愛關係中的情感控制和經濟控制：我們沒法放棄這段感情，因為如果我們放棄了，就會覺得之前的投入全都白費了。**讓自己成為虧欠者，這就是使用羈絆這一控制手段的關鍵所在。**

甜言蜜語：

在親密關係中，往往當局者迷，也容易被謊言所迷惑。

如果做得太明顯，這種控制方式可能會顯得很油膩。奇怪的是，**這確實是一種很有效的手段。**

這種手段主要是利用伴侶的自戀心理，並以此來讓伴侶接受自己不當的行為：「雖然你沒有經歷過，但以你的個人經歷，你應該知道有時候衝動是不可抗拒的呀！」或者「你知道我唯一愛的就是你！其他人都只是過客。」

不過，對於成熟、明智的人，這種手段的效果就要大打折扣，甚至根本無效。只有不諳世事人心的人，才會相信別人口裡說的，和心裡想的是同一回事。特別是近年來社交媒體上流行一種天真的論調，說是要遠離刀子嘴、豆腐心的人，壞人怎麼可能說出好話呢？因為心裡所充滿的，口裡就說出來。於是，只有那些說話好聽的人，才是好人。

任何一個稍懂世事的人，都不會相信這種論調。但是，當人們處於親密關係之中時，往往當局者迷，被一些在外人看來愚不可及的謊言所迷惑。

野蠻分析[1]：

「你應該去跟你的心理師談談你的原生家庭問題，而不是一味地指責我！」

這種方式適用於涉及精神分析學說相關概念的話題。

「你把我當成你媽了。」每次當丈夫想要撫摸妻子胸部的時候，他的妻子都會從精神分析的角度做出這種解讀……

或者：「你的戀母情結該治治了！」又或者是：「你應該去跟你的諮商心理師談談你的原生家庭問題，而不是一味地指責我！」

如果伴侶之中有一個學過一點精神分析，那麼，為了一件小事，他們就可能吵成這樣：

——「其實你一開始就不看好我們這段感情，是不是？」

——「你看，你又投射了，是你從一開始就沒打算真心和我在一起。」

——「我哪有，我們在一起的時候，我為你做了多少，你又不是沒看到？你從來就沒有在乎過我的感受！」

——「你看，你又在否認。你的防禦機制太強大了。你明明不喜歡我，還要對我好，你這就是反向作用（reaction formation）。你的潛意識裡……」

——「……」

嫉妒：「如果你不表現出這麼強的占有欲，我就不會出軌了！」

「如果你不表現出這麼強的占有欲，我就不會出軌了！」這項指責看似合乎邏輯，實際上，控制者所指的嫉妒之所以會產生，常常是因為控制者在情感或性方面疏遠了受控者，引發了後者的不安。

而控制者反過來用受控者的嫉妒來為自己的疏遠開脫……很快就會**形成一種惡性循環：一方越是疏遠，另一方就越是表現出強烈的占有欲**，甚至是嫉妒，由此造成更進一步的疏遠，如此循環、反覆……

長期以來，我們一直認為嫉妒是可恥的，因為嫉妒表明我們是多麼卑微、脆弱和狹隘。

但是在親密關係中，嫉妒其實是很自然、很正常的現象。

有毒的話語

嫉妒來自愛情的專一性和排他性。如果情侶之間大方到一點嫉妒都沒有，那只能說明愛得不夠深。沒有嫉妒的愛情是不純粹的，是沒有靈魂的。

在親密關係中，對伴侶表現出一點點嫉妒，讓對方知道你多麼在乎她，這是完全正當合宜的。

但要注意拿捏好分寸，把嫉妒控制在一個合理的範圍內，不能陷入極端，傷害對方的感情。

真誠：

「我送給妻子我的真誠！如果我跟別的女人在一起，我會跟她說的。」

一對夫妻站在我面前。

丈夫吼：「我妻子從來不收我的禮物！」

——「你送她的是什麼禮物啊？」

——「我的真誠！如果我跟別的女人在一起，我會跟她說的。」

——「你應該在你跟別的女人在一起之前，就對你的妻子坦白，那將會是一份更好的禮物！」

如同作家尚・卡索所說：「真誠，是源於混亂的衝動，為一切的罪行開脫……」

承諾：「這只是個意外，我們能過這道關卡。我跟你保證沒有下次了。」

隨口承諾，給對方帶來自己可能會改變的希望，以此來讓對方停止抱怨。「這只是個意外，我們能過這道關卡。我跟你保證沒有下次了。」在這裡，控制者想要維持和伴侶的關係，並做出了承諾。

不得不說，如果控制者或多或少兌現了自己的承諾，兩人的關係，也還是能夠保持下去的。

在承諾這場遊戲中，也會有踩雷的時候。

一位女士在她丈夫出軌後，帶著他一起來諮商。丈夫曾經跟妻子保證，他跟那個女人只是玩玩而已。「我不會再見她了。」他曾經堅定地說。妻子被感動了，原諒了他。

然後，有一天，她無意中聽聞一則消息。很明顯，丈夫又跟他的情人在一起了。

她指責丈夫沒有遵守諾言，丈夫則反駁：「是，我是承諾過……但我又沒有發誓！」

恐懼：威脅、報復、情感勒索。

不管是威脅說要分開，還是在性或財務等方面報復對方，都是為了讓對方心裡產生恐懼。

所以，對於一個可能是同性戀者的男人，當他的妻子說自己可能會跟專業人士，甚至跟父母說他已經有好多年沒有碰她時，男人就會以離婚相要脅。

情感勒索常常涉及小孩。所以，每次當妻子拒絕為丈夫提供「性服務」（他本人用的就是這個詞）時，他就會暴打他們的女兒。

妻子完全明白丈夫想要傳達的資訊。為了保護女兒，她只能屈服於丈夫的意願。

這種手段也可能會被用來阻止分手。如果其中一方感覺不愛對方了，並且表示要分手，被分手的一方，實施的情感控制可能會走向極端：最常使用的手段就是引起擔憂，甚至是威脅說要自殺，要進行金錢上的報復，要用孩子來進行報復（「你再也見不到你的孩子了！」）。

控制者利用自己對受控者的恐懼的瞭解，建構起了從意識到潛意識層面的策略。他們知道對方害怕什麼、緊張什麼，注意到對方在經歷某些事件時，身體的僵硬，但這些絕不是他們刻意記下的。

人們會自然而然地留心身邊關係密切之人散發出的這些資訊。他們依據這些資訊，為對方的恐懼量身訂製一套行動。

讀心術：

控制者會去猜測對方的所思、所想、所感，而受控者很難否定這些猜測。

使用這種手段時，控制者會去猜測對方的所思、所想、所感，而後者卻又很難去否定這些猜測。

「我知道你現在是怎麼想的。」或者「我知道在你的內心深處，你還是愛我的。」或者「我猜你還在想著另一個人。」

想要在這些話面前，為自己辯解，是很難的。

受控制者心裡會有一股莫名的說不出來的憤懣，他要嘛懶得解釋，要嘛乾脆順著對方的話，說：「我就是這樣想的，怎麼樣啊！」

正常化：

控制者向對方提出一個「正常」的要求，例如交換性伴侶等，且讓對方覺得拒絕這樣的要求，是可笑的。

正常化這一手段，指的是控制者向對方提出一個「正常」的要求，並且讓對方覺得拒絕這樣的要求，似乎顯然是可笑的。**最常見的情況是：跟性有關**（交換性伴侶、三人性行為，以及其他不安全的性行為）。**控制者會把這些行為說成是很常見、很平常、很普遍的行為。**

另外一種情況，則是控制者希望得到更多的自由，比如發生婚外情的自由。為什麼要為此編造謊言呢？我也好奇……

要求信任：

僅僅因為是夫妻或情侶，所以就要求對方要信任他、相信他。

還記得電影《奇幻森林》中有一幕，蟒蛇卡奧想要催眠毛克利，然後殺死他，卡奧低聲對毛克利耳語：「信任我，相信我……」

僅僅因為你們是夫妻或情侶，就要求對方信任你（言下之意是，如果沒有信任，就沒法再繼續這段感情了），**這是最常見，也是最讓人心煩意亂、最齷齪的話語控制之一。**

當這類話語控制出現時，要馬上警惕起來。

通常情況下，它們會被用來掩飾肉體出軌或者財產挪用（在不明交易中獲取伴侶的簽名、借錢，或是獲得財產管理的委託權）。

親密關係並不意味著一方要放縱另一方，讓其任意而為。

可以看出，這些利用情感的控制手段花樣繁多。它們都利用了受控者對控制者的信任，而**這種信任是因為受控者重視對雙方關係的維護**。

從旁觀者的角度看，這些控制可能沒什麼技巧可言，甚至是赤裸裸的。但是伴侶關係的內部力量，卻使當事人很難識別出這些控制。

1　一九一〇年，佛洛伊德發表了一篇題為〈論「野蠻」分析〉的文章，告誡年輕治療師不要進行所謂的野蠻分析（即濫用他的性理論來治療病人）。

第四章　淹死一條魚：精神騷擾

我們最關心、血緣最濃、交往最頻繁的人，對我們的殺傷力，是最大的。這是因為我們互相知根知柢，就算並非有意，也清楚能怎樣利用彼此心理和情感上的弱點來達到目的。這導致了很多人際關係噩夢的基本形式——情緒勒索。勒索者抓住受害者的恐懼感、責任感和罪惡感，雙方一起被困在惡性循環之中。

——蘇珊・佛沃，《情緒勒索》

讓對方搞不懂自己身上究竟發生了什麼，這就是控制者，不管是男是女，利用謊言、虛假消息以及雙重資訊（所謂的溝通悖論）想要達到的目的。

開門見山地說，這類控制手段可能嚴重損害受控者的心理健康，更何況，控制者可能還會利用這些控制手段的疊加效果。

我們稍後就會看到，控制者能輕鬆地將虛假資訊和雙重資訊結合起來使用。

從謊言到隱瞞：

我要向伴侶隱瞞什麼？目的又是什麼？隱瞞有哪些風險，而我是否做好了承擔的準備？

二階控制論的創始人之一，海因茲・馮・福爾斯特（Heinz von Förster）說過，真理是「說謊者發明的一個概念」。

絕大部分來諮商的夫妻都說過謊，因為他們認為對方說了謊。就算他們說的是真的，那麼，他們說這些話是什麼意思呢？

一個人的謊言，難道不是另一個人的真理嗎？謊言和真理難道不是相對的嗎？它們不是互相定義的嗎？難道不應該考慮信念和社會道德的問題？

從哲學的角度來看，的確是這樣的。但是，在伴侶之間，這不是一個意識形態的問題，而是一個語義的問題。

真理不是事實，而是一種觀點，一種對事實的解讀；謊言則是對隱瞞事實這一行為所做出的一種道德判斷。想要避免掉入這一大語言陷阱（「這就是真理」，「不是，你在說謊」），我建議把真理和謊言的問題，轉換成事實和隱瞞的問題。因為歸根結柢，這才是問題所在。

建立親密關係時，是否需要坦誠自己的過去？

那麼，新的問題來了。我要向我的伴侶隱瞞什麼？目的又是什麼？是要建立某種關係？還是要維護關係？隱瞞有哪些風險，而我是否做好了承擔的準備？

當我發現伴侶向我隱瞞，或者曾經向我隱瞞過一些事情，我該做出什麼樣的反應？從這個角度來看，如果對方的隱瞞被我發現了，我可以告訴他，我不能接受這一點。**不是因為他說了謊，而是我的感受問題。**

對於謊言，我需要以社會或宗教道德的名義去譴責它，然而，這就給了對方爭論的餘地。如果這是我個人底線的問題，而對方逾越了這個底線，那就沒有什麼商量的餘地了。

有時候，一方隱瞞的可能是一些過去的事情。而這又涉及一個重要的問題：建立伴侶的親密關係，是否需要我們交付自己的過去？那些可能會讓對方困擾的過去，藏在心裡，不是更好嗎？一個年輕的女孩把她以前的性生活告訴了她的新男友，從此以後，她的新男友就再也沒法跟她發生性關係了，因為他總會想到那些太過具體的畫面。

還有人會抱怨伴侶不願意跟她發生某些性行為，但這些行為，她以前的伴侶都能接受。

還有另外一種情況，這種情況不太常見，那就是一個男人發現他伴侶的弟弟其實是伴侶的親生兒子。伴侶在未成年的時候，生下了這個孩子……

有過短期關係的人，比如在出差的時候，跟別人發生了短期關係，常常覺得應該把這件事告訴另一半。但是，這件事跟他的另一半有什麼關係呢？我們會覺得，如果出軌者把出軌這件事當作他個人的私事，他就不會危及兩人的關係，他也因此擺脫了內心的不安。

我們可以認為短期關係應該保密：它屬於個人，就如同某些個人的想法、幻想和回憶。如果它們被揭發，反而容易給雙方現在的生活造成困擾。

但是，這與隱瞞鬼混不一樣。鬼混是持續性的長期的出軌，需要向另一半隱藏自己生活中的一部分，因此它需要使用控制手段，我們在下文中馬上會講到虛假資訊這一控制手段。

那麼，短期關係和鬼混有什麼不同呢？我問過一位女性來訪者，她的丈夫是個花花公子。她的回答是：「還有第二次，那就算鬼混。」

虛假資訊：

暴露在虛假資訊中的人，總搖擺於兩個狀態之間：相信自己，還是相信對方？

一對夫妻經由他們的女兒聯繫到我。夫妻兩人都來了。女方六十歲，男方六十四歲，兩個人長相都不錯，體態年輕。

男方說出他們之間的問題：由於女方頻繁出軌，他們的婚姻出現了嚴重的危機。兩人之間的衝突非常激烈，他們的孩子不得不把他們分別接回自己家住。女方住在其中一個女兒家裡，男方住在另一個女兒家裡。

這對夫妻有四個孩子：最大的那個住在市區，離婚了，是兩個小孩的父親；老二，就是把母親接回家住的那個，三十七歲。那個時候，她還在鬧離婚；老三，三十五歲，單身；老四，就是把父親接回家住的那個，三十二歲，是兩個孩子的媽媽，正在打離婚官司。

這對老夫妻中的男方現在已經退休了。他當過工程師，經歷了公司重組、集體裁員，後來就不當工程師了。他選擇繼續讀書深造，完成學業後，當了老師。女方只是偶爾出去工作。

為了方便男方工作，這對夫妻帶著孩子們，搬了好幾次家。現在，夫妻兩人在男方的故鄉定居。

男方經常憂鬱，前後四次住進了精神病院。醫生說他有嫉妒妄想症（délires de jalousie），需要服用安定類藥物來進行治療。

這四次的情形似乎是重複的：男方認為自己找到了女方出軌的證據，而女方則極力否認，將男方的猜疑歸咎為憂鬱症。（在諮商過程中，妻子說她丈夫有一次在動手術前拒打麻醉，說明他的狀況有多嚴重。）

然而，劇情的發展出現了轉折。

來諮商之前，姑媽提醒小女兒說，她的父母可能會發生激烈的爭吵。為了控制局面，小女兒決定跟著父母一起來諮商。來的時候，她是站在她媽媽那邊的，她也認為父親有病態的嫉妒和憂鬱症，應該早點接受治療。結果，**她發現父親的猜**

疑才是有事實依據的！

真相的揭露源於幾封「匿名」信的出現。這些信是她母親寫給她情人的老婆的。她母親的情人在跟她父親對質的時候，不僅承認了出軌一事，還叫她父親管好自己的老婆……

這幾封信，如同晴天霹靂一般擊中了這個家庭。知道真相後，每個人都不得不重新思考過往的種種。女兒們很怕父親會殺掉母親。

神奇的是，這對夫妻很快就和好了，因為**看著被子女責備的妻子，丈夫產生了憐憫之心！**

為什麼她要向丈夫傳遞虛假資訊？

我詢問女方這麼做的原因，想知道為什麼她要向自己的丈夫傳遞虛假資訊。她的回答相當驚人：「我說的是實話呀，我這麼做，是為了這個家的安寧！」

這個案例說明了一個重要的點。是什麼讓祕密變成了致命的毒藥？我的猜想是，在某個時刻，祕密的某些蛛絲馬跡可能會被人察覺，也就是說，儘管有所察覺，但是證據並不確鑿。而控制者為了抹去那些可見的痕跡，防止祕密被暴露，就會對可能發現祕密的人進行控制。簡而言之，當有人為了保守祕密而製造虛假資訊，使他人產生罪惡感時，祕密便成了致命的毒藥。

虛假資訊不是說謊，而是更微妙地作用於對方的認知系統，影響對方的感知機制。你所看見的，你肯定沒有看見；你所聽見的，你肯定沒有聽見；你所想的，你肯定沒有想到。

虛假資訊是非常有害的。它將受害者置於一種焦慮的境地：當我的伴侶對我說是我搞錯了，我應該相信我自己的感知，還是應該相信他呢？這個問題很關鍵，因為不管是哪一種回答，都會造成一定的後果。

如果我選擇相信自己的感知，我們的婚姻就處於危險之中：讓我跟一個欺騙我的人在一起，太難了。

如果我選擇相信伴侶，我就會有一個問題，雖然不知道該如何表達，但我能切實地感覺到我的體驗和別人強加給我的「現實」，是相互矛盾的。

就這樣，暴露在虛假資訊中的人，總是搖擺於兩個狀態之間：相信自己？還是相信對方？

如此一來，虛假資訊的受害者就會出現心理問題。如果這個情況持續下去，出現憂鬱症狀，也是不足為奇的。

虛假資訊利用了人類的認知不足。從孩童時期開始，人類就傾向於在得到別人的確認之後，再去相信自己的感知。

在孩子的成長過程中，他會向周圍的人提問，因為他認為周圍的人知道問題的答案，這也是成長過程中很關鍵的一步：孩子需要依靠外部世界，特別是他身邊的成年人，來確認自己的答案。

這個過程可以幫助他相信自己，相信他自己的感知。認知的建立，必須經歷這一步。但是，建立認知這一過程，永遠是現在進行式。

接下來要說的與上述內容緊密相關。當碰到需要信任自己的情況時，成長經歷不同，成年後的反應，也會有所不同。

一個孩子如果很早就受到虛假資訊的毒害，那麼，將來他很可能會出現認知不足，更容易成為虛假資訊的受害者。更糟糕的是，他以後可能出現心理問題。

從朋友的眼神，她意識到自己被打了

成年人也需要別人來確認自己的感知。一個年輕的女人告訴我，她的丈夫打她，但她並沒有意識到這件事是不正常的，因為她周圍所有的人，包括她自己的家人，都對她身上的傷痕視而不見。

直到有一天，他們夫婦跟她的一些朋友入住了同一家飯店，她的丈夫在飯店房間裡打她，把房門也打開了。就這樣，她的一個朋友聽到了她的叫聲。從朋友的眼神裡，她才終於意識到自己被打了。

人類認知不足並不是虛假資訊的唯一要素。還有另一個重要因素，那就是親密關係是二元的、封閉的，沒有第三方的存在。

經典劇情如下：假設男方出軌了，一系列出軌的跡象都擺在女方面前，其中最常見的是他頻繁跟一個她不認識的陌生號碼聯絡。更明顯一點，他手機裡未刪除的曖昧簡訊。以工作為由，推掉約會，新的排程，需要他每週週末出差等等（網路和手機是這類資訊的集中點）。

面對女方的推測，男方擺出一副正經八百的樣子，堅決否認，還一臉震驚地反擊說，他沒想到妻子居然會這麼想，他只是想讓他們的小家庭過得好一點，為此，甚至不惜犧牲自己的業餘時間……

有時候，男方可能也會說，因為他要肩負的責任變多了，所以會身體疲憊、會情緒低落。但是，有一點是不變的：他說最讓他難受的是，妻子含沙射影的話語和這種猜疑的氣氛……

在親密關係中，如果對方很堅定地說出一些話，我們上哪兒去找一個第三方來幫忙確認能不能相信這些話、能不能相信這個人呢？結局只能是女方雖然困惑不已，卻還是連連向男方道歉。

她應該冒著失去丈夫對她的感情的風險，相信自己的感知？還是應該埋葬自己的猜疑，懷疑自己的感知？

推卸責任，也屬於虛假資訊

再舉一個例子。丈夫堅持說自己已經戒酒了，然而，透過將廚房和客廳隔開的毛玻璃，妻子看到丈夫把酒瓶放入嘴裡，這已經很能說明問題了。

儘管如此，丈夫還不鬆口，說自己已經不喝酒了。

丈夫的否認讓妻子很混亂、很不舒服，她一方面希望自己能夠相信丈夫，一方面又不得不面對丈夫酗酒的老毛病。

推卸責任，這是很常見的一種控制手段，也屬於虛假資訊。

寶拉跟丈夫抱怨說，丈夫跟前妻所生的女兒對她的態度有問題。這個孩子既不尊重她本人，也不尊重她的私人空間。問也不問一聲，就取用她的東西，拿她的化妝品。

而丈夫卻說，相比起來，她跟他告狀，才是個大問題。「如果你不跟我說這件事，那也就不會有這些問題了……」

事實上，沒有第三方的確認，相信自己，也就是說相信自己的感知，並不是件容易的事。相對原理能更好地解釋這個現象。

根據科學家海因茲・馮・福爾斯特的理論，相對原理指的是某個因素，只有當它被至少兩個在同一條件下、面臨同一境遇的人所承認時，它才是存在的。

「根據相對原理，一個因素如果被兩個孤立的觀察者單獨所見，那麼，它是無法被接受的。」海因茲・馮・福爾斯特繼續解釋，因此，「一個地球人和一個金星人如果各自單獨說自己的星球是宇宙的中心，那麼，他們的話可能聽起來是可信的，但是，如果有一天他們兩人碰面了，那麼，他們兩個人之前說的話都會變成不可信的。」

當有人違背這個原理的時候，溝通陷阱便出現了：說的人，不要求對方站在同一觀察角度，對事實進行判斷，而是要求對方相信他說的話，並放棄自己的判斷，也就是要求對方相信他，承認他就是世界的中心，是唯一知道真相的人……

信任這個因素經常出現在伴侶的對話當中：「信任我」，「相信我」，「為什麼你不信任我？」或者以其變體出現：「我沒法繼續維持一段沒有信任的感情！」我們很清楚，信任使控制者能夠避開相對原理，從而傳遞虛假資訊。

夫妻都活在虛假資訊中

一個五十多歲的女人看了十幾年心理諮商師，嘗試了各種治療方法。在她被診斷為「憂鬱症」以後，她就開始大量吃藥，抗憂鬱的和其他安神類的都有。

我見到她時，她認為自己得了一種叫做憂鬱症的病，一輩子都要接受治療。我個人認為病症不是由生物的命運決定的，也好奇病症是在怎樣的情景中產生的。

我的這種好奇一直都有，但它不是侵略性的，而是以尊重來訪者為基礎的。我保持這種好奇，是因為我相信，唯有獲得這些資訊，才能讓那些自我封閉，甚至認為自己得了不治之症的人走出困境。

這位女性來訪者的經歷承載了重要的資訊。組建家庭是她人生中一個非常重要的時刻。她和一個男人結婚了。這個男人在所有方面都符合成家的條件：相同的社會地位，相同的文化程度，互補的家庭。

但是，她知道自己是不愛這個男人的，因為她之前跟另一個男人談過一段戀愛。在結婚的前一晚，她向父親坦白了自己的猶豫，但父親告訴她，現在後退太遲了。她妥協了，心裡覺得自己的猶豫是一種過錯，更何況，堅守承諾才是人人稱讚的美德。

婚後不久，她就發現丈夫其實並沒有很愛她！丈夫還放不下前一段戀情（之後又悄悄地跟前女友好上了）。

名存實亡的夫妻生活就此開始。兩個人其實都知道他們之間的感情狀況。而且，丈夫似乎並不知道妻子的痛苦。他們有三個孩子，生活也照常繼續，然而，**這兩個人都活在虛假資訊中，大家都知道事實的真相，卻都假裝不知道……**

每個人都希望她當一個病人

在這種情況下，她第二次向父親坦白，提出了她對這段婚姻的質疑。

這些年來，夫婦兩人都完美地扮演了各自的角色。在周圍人的眼中，他們是一對很和睦的夫妻。他們生活舒坦，丈夫因為事業的成功，也頗受讚賞和傾慕。

這次坦白後，父親再一次擺出了不妥協的態度，還說她有責任繼續跟這個男人生活下去。

然而，她的丈夫一次次出軌，還死不承認。她長期受困於虛假資訊，她的感知一次次被丈夫否認，周圍的人似乎也沒有覺察到她所感知到的東西。

感覺到自己的狀態越來越不好以後，她把情況告訴了諮商心理師。這位諮商師將她診斷為憂鬱症。

對她來說，這是噩夢的開始，尤其當她發現所有人，包括她的父親，都認為她生了病，需要長期治療。可想而知，兩人的婚姻關係，並不會有什麼改變，她的丈夫甚至利用她去諮商的空檔去幽會。她的狀況只會更加惡化。

儘管如此，或者說正因如此，她發現每個人都更希望她當一個病人，而不是一個反叛者。

重拾自尊是解方

然後，她就陷入了內疚之中。不管怎麼說，她不是接受了這段婚姻嗎？她可能還要把憂鬱症病人這個角色，繼續演下去。

當我見到她時，因為藥物的作用，她的外表有了明顯的變化，動作也變得遲緩，這些症狀反過來又似乎在向他人宣告自己的「憂鬱症」還沒有痊癒……

她陷入了兩難的境地，痛苦無比：如果，她的健康狀況有所好轉，她就需要去面對婚姻的現實，並且可能會在得不到家人支持的情況下離開丈夫，獨身一人，沒有物質支撐，也沒有情感依靠；又或者她繼續自我封閉在病人的角色裡，這樣可以讓他們的婚姻繼續，加強她與丈夫的聯繫關係，而她本人則可能會付出精神錯亂的代價。

在這個階段，我要做的是讓她重拾自尊。病人的角色不僅不能讓她找到治癒的方法，反而讓她的情況更糟糕，甚至因此丟掉了自己的尊嚴。

我會從多方面來解決她的問題：讓她知道我理解在這種情況下，她「自然是會生病的」；**讓她把多年來埋藏在心裡對丈夫、對家庭、對父親的怨氣都發洩出來**（憤怒是憂鬱的反面，雖然不是正常的狀態，卻是實實在在的解鬱利器）；最後，幫助她找到在社會上的自我定位，讓她能夠脫離被疾病控制的機械狀態，找回做人的尊嚴。

雙重資訊：

雙重資訊可以表現為說話時繞圈子，它也可以表現為語言和行動上的不一致。

——「你懂外語嗎？」紅皇后問。「Turlututu用德語怎麼說？」

——「中文裡沒有Turlututu這個詞。」愛麗絲非常認真地回答。

——「誰說它是個中文詞了？」紅皇后反駁。

愛麗絲覺得找到了可以應對的答案，用必勝的語氣說：「如果你能說出Turlututu是哪國的語言，我就告訴你，它用德語怎麼說！」

然而，紅皇后快速地立起身來，高高在上地說：「一位皇后是不會與人爭辯的！」

雙重資訊和虛假資訊的區別在於，控制者會混淆視聽、在受控者所感知到的內容裡製造混亂，而不是引起受控者對自我感知的懷疑。

這種手段比虛假資訊更可怕，因為它不再是讓受控者從現實中感知到的，與另一方所說的互相矛盾，而是**讓受控者質疑自己所感知到的東西**，因為受控者接收到的資訊本身就是自相矛盾的。

領帶的例子就是一個經典的例子。

一位母親送給了兒子兩條領帶。如果他繫了其中一條，那他就是不喜歡另一條；如果他一條都不繫，那他就是不愛他的母親；如果他兩條都繫，那他就是瘋了……

在這裡，問題不是在兩種信念（他的信念或她的信念）之間選擇一種，而在於破譯對方的資訊，但根據定義，它是無法破譯的，因為其中包含了有毒的邏輯。

雙重資訊這一概念的提出者，格列高里・貝特森（Gregory Bateson）提出了另一個例子，還是母親和兒子的故事。

母親張開雙臂，似乎是想要兒子投入她的懷抱，但每當兒子靠近時，她又會有微微後退的動作。

如此一來，孩子便陷入了雙重資訊的困惑中：他可以相信母親第一個動作所傳遞出來的資訊，即他是被愛的，也可以相信她第二個動作所傳遞出來的意思相反的資訊。

但是，如果他問母親，這兩個相互矛盾的動作是什麼意思。**他得到的回答，只會讓他更加困惑，因為母親會指責他居然懷疑一個母親的愛。**

就像路易斯・卡洛爾（Lewis Carroll）撰寫的片段中那樣，紅皇后向愛麗絲提出了一個刁鑽的問題，當愛麗絲反問紅皇后時，紅皇后卻回答：「一位皇后是不會與人爭辯的……」

一位女士向我抱怨自己的丈夫：「他話都不說。」

──「我不說話，」他回答，「是因為你一直在說！」

──「你看到了嗎？心理師，他總是這樣，從來不承認自己的錯……」

另一個例子：「他從來沒給過我什麼。」

──「不是吧，母親節的時候我給了你一個禮物！」

──「是的，但那是因為我跟你要，你才給的。」

下列這種回答尤其有害：

「我離開你，是因為你沒有努力讓自己成為一個有魅力的人。」一段時間以後，

——「你看，我努力了！」

——「對，但是已經太晚了。」

這些資訊不僅是矛盾的，也是無法理解的。該如何理解它們呢？雙重資訊對受控者的麻痺作用是立竿見影的：當我們連資訊本身都無法理解時，又怎麼能夠做出反應呢？

帶來困惑與焦慮

雙重資訊可以表現為說話時繞圈子，就像我們在上述這些例子中看到的，**它也可以表現為語言和行動上的不一致**。比如，妻子指責丈夫長時間忽視她，丈夫回答：「你怎麼能懷疑我的愛呢？我都已經娶你了！」話是沒錯，但那已經是十五年前的事了……

書中，格列高里・貝特森一開頭就提到，雙重資訊的效果取決於控制者和受控者之間的關係。雙重資訊的使用，需要一方去理解另一方傳遞出來的資訊，只有當雙方關係極其或者很重要時，它才會產生有害的影響。不然的話，什麼都不會發生。

如果親密關係出現問題，兩人的溝通中就會經常出現雙重資訊。**雙重資訊除了給人帶來困惑和焦慮以外，還可能會削弱受控者自我定位和主動採取措施的能力。**

在某些情況下，雙重資訊不再是控制者迷惑和擾亂受控者的手段，而是雙方互動的結果。

還有一種比較常見的情況，其中充斥了各種各樣的雙重資訊：一個人已經不愛他的伴侶了，但他尊敬對方，甚至對對方還有感情。在這種情況下，進行情感控制是有效的，其實在我看來，實在是太有效了。

一位丈夫和他的妻子來諮商。他提出的要求是：讓他妻子的病情好轉。幾個月來，他的妻子因為患了「憂鬱症」，開始接受諮商，但卻沒有任何好轉，因此，他的這個要求似乎很合理。

直到我得知問題的源頭，是因為丈夫提出離婚，要去跟另一個女人在一起時，我才搞清楚狀況。

之前，妻子用悲傷向丈夫表達自己有多麼依戀他，丈夫也被這份悲傷打動了。很明顯，他對妻子還抱有尊重和感情。於是，這就形成了一個循環：每當妻子的情況有所好轉，他就會表達出想要離開妻子的念頭，很快，妻子便又陷入了悲傷，而這份悲傷，被諮商心理師打上了「憂鬱症」的標籤，他也因此不能離開妻子。

所以，我認為他提出的要求是不可能滿足的，因為這個要求裡包含了雙重資訊：「讓我妻子的病情好轉……這樣，我就可以離開她了！」

第五章 將反抗扼殺在搖籃裡：孤立、詆毀、摧毀對方

我們聽到的一切都是某種意見，不是事實。我們看到的一切都是某種視角，不是真相。

——馬可・奧理略，《沉思錄》

動詞「是」的危害：

「你是笨蛋、醋罈子、醜八怪、廢物、人渣、蠢貨、可憐蟲、性無能、瘋子、神經病、掃把星。」

「你是……」使用汙名化手段的控制者說話時，總喜歡用這兩個字開頭。

「你是笨蛋、醋罈子、醜八怪、廢物、人渣、蠢貨、可憐蟲、性無能、瘋子、神經病、掃把星。」

這些限定詞都可以被用來撼動對方的心理防線，詆毀、貶低、羞辱對方。

當媽媽說「菠菜是好吃的」?!

科學家海因茲・馮・福爾斯特能幫助我們理解這些話語的毒素在哪裡。他在他的一本著作中描述過，我們人生中遇到的第一個女性控制者是說著「菠菜很好吃」的母親。這句話是有毒的話語的一個絕佳例子。事實上，菠菜不是好吃的，而是綠色的。

說「菠菜是綠色的」，是對它的客觀屬性進行描述；說「菠菜是好吃的」，則是把個人的觀點，當作事物的客觀屬性。

這意味著我們的母親是壞人嗎？當然不是！雖然她們的表達在語法上，或者說在句法上有缺陷，但**她們這麼說，只是希望我們能嚥下這碗綠色的菠菜湯。**

當有人告訴你「你是一個變態」、「你是一個病人」、「你是一個瘋子」等等的時候，情況也是如此。這些客觀描述其實是兩人之間關係的產物。只有當客觀描述和關係產物之間區別明顯時，這些描述才算得上是話語控制。

這類話語控制非常普遍，為了個人的身心健康，很有必要學會識別它。它涵蓋了很多種情況，可能出現在伴侶之間，也可能出現在家庭內部。在這些情況中，有人會帶著斷然，甚至激烈的口吻，說著「你是個卑鄙小人（或者無恥之徒）」這樣的陳腔濫調。

也就是說，他用了一個形容詞來定義一個人的品質，而這個定論實際上是他和描述對象之間關係的產物。

沒有人純粹是卑鄙的（或者說比較少）、控制欲強的、變態的、暴力的、柔情的、善良的，或是慷慨的。只不過，我們在某段關係中會展現出這樣或那樣的一面，而在另一段關係中，則會展現出不同的一面。

因此，問題不在於菠菜究竟好不好吃，問題是動詞「是」被用來使人相信，它所描述的是菠菜內在固有、不可更改的性質。

這句話的毒素就在這裡：我們可以說菠菜是綠色的，但我們不能說它是好吃的。只有真的認為菠菜好吃的人，以及在特定的情況下，想要讓小孩子嚥下菠菜的人，才會說菠菜是好吃的。這樣做的問題在於，他們在吞下菠菜的同時，也接受了一種錯誤的論證，並可能在將來使用同樣的論證。

利用已經建立的關係，損耗、麻痺對方，使對方內疚

這類話語控制在伴侶之間表現為：「你是個病態自戀者」；在家庭中表現為：「你是個壞父親（或兒子，或母親等等）」；在精神病學領域表現為：「你是一個

雙相情感障礙患者、憂鬱症患者、自閉症患者、思覺失調患者（多項可選）。」這些話的危害相當大，因為這種虛假的客觀性，把在某段關係中產生的個人意見，包裝成了絕對肯定的客觀事實，而這種絕對，肯定通常只涉及無生命的物體。

在這裡，要感謝普通語義學的創始人、哲學家阿爾弗雷德・科日布斯基（Alfred Korzybski），他告誡我們，要小心動詞「是」的濫用。他認為這個動詞擾亂了人的思維。兩個人的真實關係，雖然在這個動詞中得以體現，但在現實中，卻不是完全如此。

動詞「是」的使用，如「他是，或者你是如此這般」，應該被理解為：「這個人認為我『是』這樣的，另一個人可能並不這麼認為。**這些話不是對我進行價值判斷，而是向我傳遞某種資訊**，目的是利用我們之間已經建立的關係來損耗我、麻痺我，使我內疚。」

病理化，或亂貼標籤：

他或她之所以會那麼做，是因為憂鬱症……

有些人經由宣稱自己患有憂鬱症來維持親密關係，也有一些人為了維持親密關係，聲稱自己的伴侶有憂鬱症或譫妄症[1]，言下之意就是，伴侶的要求或訴求是不可信的。

我提議將這種控制機制稱為「亂貼標籤」，因為它斷言對方得了精神疾病。這一聲明，雖然會對當事人的內心造成困擾，但是在外人看來，並沒有什麼不妥，這也是我如此定義該機制的原因。

舉個例子。一對四十多歲的夫妻來諮商。提出前來諮商的是丈夫，妻子對此是猶豫的。兩人都承認過得不幸福。

有好幾次，兩個人因為情緒爆發而發生肢體衝突，最終又和好了。丈夫很霸道，如果妻子下班之後沒有立即回家，他就受不了。他算好了她的通勤時間，如果她晚幾分鐘到家，他就覺得她跟別的男人有染。他還查看妻子手機上的資訊和郵件。就這樣過了五年，雖然當中也穿插了相對而言比較幸福的時光，但丈夫的嫉妒和管控與日俱增。

在諮商心理師的幫助下，特別是因為她與一個姊妹——這個姊妹的婚姻也不幸福——走得很近，她決定結束這段關係。

她之所以和丈夫一起來看諮商心理師，是因為她怕他，怕他可能會爆發的暴力行為。

有趣的是，丈夫對此有別的理解。他說，實際上，他們兩個人是不可能分開的，他們是天造地設的一對。如果她提出要離婚，那是因為她精神不正常。

諮商結束後的第一週，他寫給我的郵件就快要把我淹沒了。郵件的內容看起來就像醫學報告一樣。

在他眼裡，或者說，他認為諮商心理師應該能看出他的妻子有「邊緣性人格障礙」、「憂鬱症」或是「雙相情感障礙」等等，我就不一一列舉了。結論就是，他的妻子應該接受治療。這樣，他們的婚姻生活就能夠繼續下去。

這種病理化的手段，可能會有別的不那麼激烈的表現形式。比如某些人發現對方反覆出軌，卻還是選擇原諒對方，並挽救這段關係。對此，**他們會解釋說對方的這些出軌行為是憂鬱症的表現**：他或她之所以會那麼做，是因為憂鬱症……

種族歧視，性別歧視：

「你們家不少人都得了憂鬱症，你也一樣，而且你們家沒有一對夫妻能夠長久的。」

種族歧視和性別歧視（後者包括，比如，對對方說：「你們女人」，或者「你們男人」）能夠有效地孤立對方，將對方圍困於由生物結構決定的命運之中。在這種命運裡，男人都是天生的控制者，女人都是天生的墮落者。

義大利精神病專家瑪拉・塞爾維尼・帕拉佐莉（Mara Selvini Palazzoli）發表過一篇重要文章。文中，她揭露了一些被她定義為家庭內部的種族歧視的表現。有些家庭成員把另一些家庭成員的行為歸因於生物、基因，並把它扯到其家族，通常是其父母身上。

伴侶間的種族歧視與家庭成員間的種族歧視是相對應的，它表現為把對方的某些性格特點與其出身聯繫在一起。

面對這類指責，很難找到反駁的辦法。「你跟你家那邊的人一樣，摳門（或者喜歡喝酒）。」「你們家不少人都得了憂鬱症，你也一樣，而且你們家沒有一對夫妻能夠長久的。」還有一些指責甚至都不是針對當下發生的事情，而是將對方家族的基因牽扯進來，並跟對方家庭將來可能發生的事情聯繫起來……

用這種方式來表達的人，言下之意，就是他的伴侶有些行為確實是不妥當的。最重要的是，他對伴侶的改變，不抱任何希望。

這種控制手段，特別讓人感到恥辱，而且完全不考慮遭到譴責的行為的來龍去脈。

重塑過去；修正主義：

以指責的方式重塑兩人的過去，例如「從一開始，你就沒有愛過我。」

以指責的方式重塑兩人的過去，或者說重新解讀往事，以使它失去原有的價值，是一種很常用的控制手段：「從一開始，你就沒有愛過我。」「你跟我結婚，也是無可奈何，因為你的前男友拋棄了你。」「你當時害怕自己會當一輩子老處女。」「你當時只是對我的錢感興趣。」

或者，在一些比較罕見，但殺傷力更強的例子裡：「你跟我結婚是出於同情，因為我懷孕了。我個人是根本不想跟你結婚的，但是當時我根本沒得選。」順便指出的是，「從不」或者「總是」這樣的字眼，常常會出現在控制者的語言裡。

如何回應這樣的指責呢？努力為自己辯護？沒什麼用的，這樣做，有時**反而會**

讓指責變成不爭的事實：我之所以為自己辯護，是因為我心裡有鬼。

這種對過去的重塑可能會產生破壞性、毀滅性的影響，因為它觸及了親密關係的創始神話。來看看吉安和蘿拉的故事。

他倆是在玻里尼西亞一座與世隔絕的環礁上認識的。蘿拉去那兒旅遊，逗留了一段時間。吉安是一名軍醫，當時在島上執行任務。剛開始的時候，兩個人激情滿滿，但隨著時間的流逝，關係也變得平淡了。

蘿拉懷念著過去，跟吉安提起他們剛開始交往時的種種浪漫。對她來說，這是一次非同尋常的相遇。

然而，吉安卻回答說：「這也沒什麼大不了的，畢竟島上只有你一個女人。」

否認主義，或孤立對方的藝術：

否認主義可能會使受害者放棄辯解（「既然沒人相信我，那我便從此不再提起。」），還可能會導致重度憂鬱。

否認主義是最壞的一種話語控制手段。

首先要提一下，否認主義指的是否認證據確鑿的事實、否認歷史事件，比如否認種族屠殺，否認德國納粹殘害大批的猶太人和吉普賽人，或是否認亞美尼亞人在突尼西亞被殺害等等。

否認主義者的行動目標是修正歷史。使用的手段，則是把事實轉變為觀點（這與汙名化正好相反）。否認主義者聲稱，既然有些人有權相信毒氣實驗室的存在，那麼，他也應該有權相信另一種說法。

否認主義與虛假資訊很像，但它們不是同一回事。

它們之間有一個很大的區別：虛假資訊篡改了見證者、記憶承載者，以及受害者接收到的資訊，造成了資訊混亂；否認主義則不針對受害者（這一點與種族歧視相反），它針對的是受害者周圍的人。

否認主義的行動旨在詆毀見證者和記憶承載者。甚至可以說，否認主義者不會去說服記憶承載者，讓他覺得是自己搞錯了、理解錯了。

對否認主義者而言，重要的是要把後者變成一個有問題的人、一個有個人隱藏利益的人，也就是說，詆毀整個群體。記憶承載者在群體裡成了一個騙子、叛徒、一個追求不正當利益的存在。簡而言之，他被妖魔化了，即使他是受害者！

在這裡，否認主義與「亂貼標籤」很接近：控制者給受控者亂貼標籤。

一位男士經常出軌，他的妻子實在無法再忍受。

「你得了憂鬱症，應該去接受治療。」男人對妻子說。

「我不是無緣無故憂鬱的。」妻子回答。

男士說：「是啊，因為你總是胡思亂想。」然後，他就對周圍的人說：「你們知道吧，我的妻子身體不太好，總是胡思亂想……」

如此一來，他就把妻子孤立起來了。

否認主義的影響有兩個層面。首先，對受害者而言，他的記憶被嘲弄、被質疑、被譴責。然後，是對外部世界的影響，包括朋友圈和雙方的家庭。

再次說明，否認主義是一種非常過分的行為。否認主義可能會使受害者放棄辯解（「既然沒人相信我，那我便從此不再提起。」），還可能會導致重度憂鬱。

在這裡，我想提一下，普里莫・萊維（Primo Levi）[2]是自殺身亡的，當時否認主義浪潮在義大利橫行，他自殺前一晚寫的最後一篇作品，就是反對否認主義的。

有時候，否認主義會讓人精神錯亂，讓人發瘋。它破壞了記憶承載者和他周邊世界之間的關係。

我在此強調，否認主義攻擊的是將受害者同其歸屬群體連結起來的那種東西，也就是團結。它一邊孤立受害者，使他在社會或在家人心中失去信譽，一邊將自己塑造成受害者的形象，吸引別人的同情或理解。

否認主義的例子，我見過很多。我認為，在最極端的否認主義例子中，競爭關係扮演了重要角色。

兒子反被說成是一個不知感恩的人

在下面的例子中，**一位母親使用了否認主義的控制手段，為的是獲得丈夫更多的關心**，因為在她看來，丈夫更關注他們的兒子。

我跟他們全家見了面，包括：這對父母，六十來歲，兩人都是給別人提供專業幫助的；他們的兒子，四十多歲，手藝人；以及他們的女兒。

在我面前，這位母親向我展現了我聞所未聞、見所未見的控訴技巧。

她聲淚俱下地向我表達了她深深的絕望，並且毫不留情地譴責了兒子的態度、他的謊言、他的攻擊性，尤其是他的忘恩負義。激烈的言詞中，還時不時摻雜了粗暴的表達方式，她在說到「被錯誤分析的競爭關係」時，甚至還打了我一下。

面對這番言詞的暴擊，兒子震驚了。表示不理解母親為什麼會是這樣的態度。

長期以來，因為工作忙，母親都沒怎麼照顧過他，也沒怎麼照顧過妹妹。他不明白母親為什麼說他是欠她的。

兒子剛說完這些，母親就轉過臉來對我說：「你看到了吧？醫生，這個孩子就是這麼忘恩負義，他甚至都看不到我對他和他父親所有的付出，特別是對他的付出。」

這位父親的態度最能說明問題。口頭上，他是站在妻子這邊的，但從另一方面看，他有時候好像又比較同意兒子的觀點。

當兒子否認母親一些莫須有的指責時，父親一面贊成兒子說的話，一面又將身體轉向妻子，似乎是在支持她。

家中的女兒則比較偏向於母親這一邊。她表示目前的情況，簡直讓人受不了，哥哥最好還是改變一下自己的態度。

正如我所說的，兒子似乎不理解母親的指責，並試圖說出自己的痛處，說自己對母親是敬重的。但他的話很快就被駁倒了。

在這裡，我們發現了否認主義的幾個要素。兒子是記憶承載者，他知道在他們小的時候，母親沒有照顧他和妹妹，而他卻反被說成是一個騙子、一個沒記性的人、一個不知感恩的人。

這位母親哭著說，兒子都這樣了，家裡的其他人都應該支持她。這些話自然是說給她丈夫聽的。

丈夫試圖在妻子揭發事情真相前，先敗壞妻子名聲

還有一種存在於伴侶之間的否認主義，表現如下：一位女士前來諮商，她精神快崩潰了，她再也受不了了。事實上，自從十五年前，他們的第二個孩子出生以來，她的丈夫就沒有再碰過她。

她曾經問他為什麼，但他要嘛不回答，要嘛就說這種事情，他自己一個人也能解決。

丈夫跟他自己的父母走得很近，尤其跟他母親的關係甚好。他之前結過婚，第一個孩子出生後，他的前妻就離開了他。

這位女士威脅丈夫，說要把自己所受的罪都告訴丈夫的父母。丈夫馬上也變得氣勢洶洶。總而言之，兩個人現在的關係很緊張。

在傾聽他們講述情況的過程中，我看到一幅類似於否認主義的畫面正在生成。

丈夫試圖在妻子揭發事情真相之前，先敗壞妻子的名聲。為此，他先是提起一樁遙遠的往事：在他們剛結婚的時候，妻子沒有好好照顧他和前妻生的孩子。

妻子否認了這件事。她丈夫的父母都相信自己兒子說的話，對兒媳婦這個人是否真誠產生了懷疑，以至於現在，哪怕她揭露丈夫如此對待她的事實，也沒有人會相信她。

她感到自己被孤立了，於是在某些時候，她對丈夫表現得咄咄逼人，而這卻使她變得更加孤立。

孩子們不知道父母為什麼吵架，只覺得母親是這些爭吵的始作俑者。

最後一個例子。一位妻子發現丈夫跟她的父母、兄弟姊妹，還有孩子說，她要跟丈夫提離婚。然而，事實完全相反，想離婚的人是她的丈夫！

如今，她感到自己被孤立了。孩子們誤解她，認為她是一個想要拋棄家庭的人，而他們的父親則被看作一個可憐的受害者……

1 患者認知功能下降，覺醒度改變，感知覺異常，晝夜顛倒。

2 普里莫・萊維，一九一九—一九八七，義大利作家、化學家以及奧斯維辛174517號囚犯。一九四八年出版第一本書《如果這是一個人》，此後數年，一直筆耕不輟，撰寫了一系列文章，涉及詩歌、小說、散文、回憶錄等各個領域。所有這些文字的實質都是一致的：它們無一例外，都在書寫集中營的生活、回憶與反思。一九八七年，萊維墜樓身亡，驗屍官認為是自殺。

第六章　完美的玩偶：什麼樣的人更容易被控制？

人們深切關心的是尋找一個對象，以便把隨自己這個可憐的生物與生俱來的一份自由趕快交付給他。但是，能握有自由的，只有那個能安慰他們良心的人。

——杜斯妥也夫斯基，《卡拉馬助夫兄弟們》

令人吃驚的是，控制與被控制的遊戲，不僅滿足了控制者的需求，也是受控者的渴望。

不得不承認，很多受控者渴望變成一個「柔弱的、無腦且無助」的人，從而迴避責任和義務，獲得需求的滿足。

要深刻理解這一點，我們不妨翻開易卜生的《玩偶之家》，看看家庭矛盾爆發之前的女主人娜拉。

在人們的眼中，娜拉是一個沒有工作、少有主見、飲食方面沒什麼自制力的女人，經濟上完全依賴丈夫，孩子大部分時間委託給保母照顧，只負責唱歌、跳舞、購物、裝扮自己，取悅丈夫。

這個女人在與人互動的過程中，時刻都在表露「我是一個柔弱、無腦且無助的人」，從而傳達出「我沒有用，我無法承擔任何責任和義務」的資訊，以及「你必須幫助我」的訴求。

確實，這樣更能激發男人的保護欲，從而巧妙地將自己必須承擔的責任，轉嫁到對方身上，以此滿足自己的需求。

在這樣的互動中，「我什麼都不會」巧妙地銜接了「你的一切由我來安排」，形成控制與被控制的鏈條。

那麼，什麼樣的人更容易被控制？

從表面上看，「無腦」的人更容易被控制，因為他們人格不獨立、意志不堅定、自我認識不足。

他們過度貶低自己的能力，覺得自己「離開他人就無法生存」，容易受環境因素影響，不清楚自己的核心需求。

早閉型統合：

這一類的人，盲從權威，對環境的適應性差。

馬西亞（Marcia，一九八〇）認為，同一性是一種自我結構——驅力、能力、信念和個人歷史的一種內部的、自我建構的和動態的組織。

這種結構發展得越好，個體就越能意識到自己的獨特性和與他人的相似性。在將來的人生中，清晰意識到自己的優點和缺點。

這種結構發展得越不好，個體對自己與他人獨特性的認識就會更混亂，更多地依靠外部資源來評價他們自己。

自我同一性（ego identity）這一概念，最早由精神分析學家愛利克・艾瑞克森（Erik H. Erikson）提出。馬西亞（Marcia，一九九三）認為同一性作為一種內在的、自我建構的結構以及主觀體驗，不能被直接觀察到，因此，她從同一性概念的行為層面出發，根據艾瑞克森同一性理論中，兩個主要的過程變數——探索和承諾的程度高低，來對同一性加以操作化，劃分出四種同一性狀態（參見下圖）。

	高探索	低探索
高承諾	定向型統合 (identity achievement)	早閉型統合 (identity foreclosure)
低承諾	未定型統合 (identity moratorium)	迷失型統合 (identity diffusion)

其中，低探索、高承諾的青少年，稱為同一性早閉者。這類個體沒有體驗過明確的探索，但卻很容易投入。這種投入，基於父母或權威人物等重要他人的期待或建議，他們接受了權威人物預先為他們準備好的同一性。

這類個體的自我同一性會固著在青少年時期。當他們長大後，從原生家庭中走出來時，會下意識地去尋求權威人物，實現被評價、被肯定，從而獲得自我概念的穩定感。

另外，其他許多研究補充了以上觀點——同一性早閉者盲從權威，對環境的適應性差。

不安全依戀者：

個體憂慮被棄的程度，往往與個體對自己的價值判斷成正比。

依戀（attachment）這個概念，最早是由英國精神病學家鮑爾比（John Bowlby，一九六九）提出的。

他在洛倫茲（Konrad Lorenz）的研究（嬰兒對母親的印刻理論）和哈洛（Harry Harlow）的實驗（幼猴儘管由鐵絲做的母猴餵養，但卻尋求依偎於有絨織物的母猴）的基礎上，將依戀定義為「個體與具有特殊意義的他人，形成牢固的情感紐帶的傾向，能為個體提供安全和安慰」。這個概念最初主要是用來解釋嬰兒與其養護者之間的情感連結，後來的研究者將之擴展到了成人之間。

現在，我們一般認為，依戀是個體與主要撫養者發展出的一種特殊的、積極的情感紐帶，也是指個體尋求，並企圖與另一個體在身體和情感上保持親密聯繫的傾向。

依戀既是個體最初的社會性連結，也是情感社會化的重要標誌。簡單來說，經由依戀他人，我們不再是一個孤單的個體，而是一個融入了集體的社會人。

至於依戀類型（attachment styles），最早是由艾斯沃斯等（Mary Ainsworth & Witting，一九六九）經由陌生情境實驗劃分出來的。

他們首先安排母嬰在一個完全陌生的環境中，然後讓嬰兒分別經歷母親離開、陌生人進入等情境。觀察嬰兒在與母親分離和相聚的過程中，以及面對陌生人的過程中的表現，從而對嬰兒的依戀類型，進行判斷，劃分出三種類型：安全型、迴避型、焦慮－矛盾型。

當依戀理論發展到成人依戀領域的時候，哈桑和謝弗（Hazan & Shaver，一九八八）經由問卷調查提出：早期社會經驗的不同，產生了關係風格上相對持久的差異。

嬰兒依戀中三種主要的依戀類型（安全型、迴避型、矛盾型）在成人的戀情中，也得到了證實。哈桑和謝弗提出婚戀依戀分為三種類型這一觀點後，引來眾多依戀專家的關注。

成人的依戀類型分為四種

一九九一年，巴託福莫和霍洛維茨（Barthofomew & Horowitz）經由實驗提出，哈桑和謝弗之前所提出的迴避型，其實是兩種完全不同的迴避型。

他們認為人們之所以要避免和他人親密接觸，有兩種不同的原因。

一種情況是人們期望和他人交往，但又對他人戒心重重，害怕被人拒絕和欺騙。

另一種情況是人們獨立自主、自力更生，真正地喜歡我行我素和自由自在，而不願意與他人發生緊密的依戀關係。這就將成人的依戀類型分為了四種：安全型、癡迷型（焦慮－矛盾型的新名稱）、恐懼型和疏離型。

布倫南、克拉克和謝弗（Brennan, Clark & Shaver，一九九八）用維度法來考察依戀類型。他們認為，依戀類型可以被概括為迴避親密和憂慮被棄兩個維度。

迴避親密主要影響了人們接納相互依賴的親密關係的難度和信任程度。在親密關係中，感到舒心和輕鬆的人，迴避親密的程度就低；而與伴侶親密接觸時煩躁不安的人，其迴避親密的程度就高。

憂慮被棄主要體現在是否會害怕他人認為自己沒有價值，而遠離自己。安全型的人在與他人的親密接觸中非常安心，不會擔心別人會苛刻地對待自己，因而能積極快樂地尋求親密、相互依賴的人際關係。

癡迷型、恐懼型和疏離型，在親密關係中如坐針氈

相形之下，其他三種類型的人，充滿焦慮和不安，在親密關係中如坐針氈。癡迷型的人渴望親密接觸，但害怕被拒絕。疏離型的人並不擔心被拒絕，但卻不喜歡親密接觸。至於恐懼型的人，則兩者兼而有之，在親密關係中，坐立不安又擔心親密關係不能長久。

如果將類型法和維度法綜合起來考慮，那麼，我們可以得到一個兩維度四分類。

在這兩個維度——迴避親密和憂慮被棄上的得分高低，決定了成人依戀的不同類型：安全型——低迴避、低憂慮；癡迷型——低迴避，高憂慮；恐懼型——高迴避、高憂慮；疏離型——高迴避、低憂慮。

綜上所述，我們可以得到次頁圖：

自我價值判斷越低，越害怕被遺棄

個體憂慮被棄的程度，往往與個體對自己的價值判斷成正比。

自我價值判斷越低，越害怕被遺棄。在這樣的邏輯前提下，將自我價值的肯定寄託到關係客體——親密關係中的另一方上。

為了獲得肯定，迴避被遺棄，個體習慣

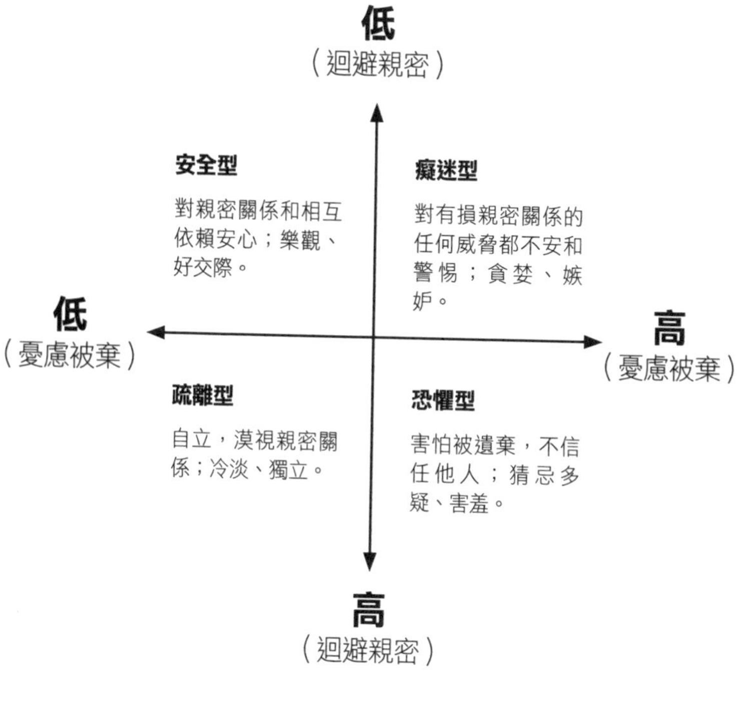

於努力滿足關係客體的要求，聽之任之。久而久之，**容易發展為控制與被控制的關係。**

非自主取向者：

他們根據環境中的控制（如獎賞或尋求社會贊同）來發起和調節自己的行為。

自我決定理論是由美國心理學家愛德華・德西和理查・瑞恩（Edward L. Deci & Richard M. Ryan）等人提出的，一種關於人類自我決定行為的動機過程理論（一九八五）。因果取向理論（Causality Orientation Theory）是自我決定理論的重要內容，用於解釋人們在發起和調節自己行為動機的過程中的差異。

他們認為，人們形成了影響自己的資訊解釋的不同。而從因果取向來區分，分為有動機參與的個人取向，和無動機過程的非個人取向。前者根據因果點的不同，可分為自主取向和控制取向。

所謂自主取向，就是個體把自己知覺為自己行為的原因。自主取向者基於對自己的內在需要、標準和目標做出行為，這類個體的行為是自由選擇、自我調節的。他們積極地尋找與個人價值觀和興趣相符合的機會，在各種環境中，都能維持高水準的內在動機，因此不大容易被控制。

所謂控制取向，就是個體相信他們的行為是為了獲得獎賞或取悅他人，或是因為外部因素的影響。

控制取向者認為自己的行為受到外部的力量、需要或者內化的要求的影響，他們根據環境中的控制（如獎賞或尋求社會贊同）來發起和調節自己的行為。傾向於遵從威脅、期限和對他們應該如何行動的內化期望。他們的行為受外部動機驅動，與典型的受控者高度擬合。

非個人取向者則認為他們的行為受到那些超出自己意識控制的因素影響，不能控制自己的行為，也不能獲得自己想要的結果，擁有消極的自我評價和無能感，其行為一般是缺乏動機的，或無助的。

所以，**一旦親密關係中，有一方強勢而且堅決，非個人取向者就很容易向對方妥協，以此來維持關係裡可以提供給他的一點價值感**。這也是他容易被控制的原因。

其他：
如社會文化因素、父母的教養方式、人格類型等。

除了上述三點，還有很多因素會使人變得更容易被控制。比如，社會文化因素、父母的教養方式、人格類型等等。

儘管大多數人渴望的親密關係是獨立、平等的，但是不得不承認，所有的親密關係都存在或多或少的控制與被控制，這或許是滿足彼此需求的一種互補。

第七章　如何擺脫話語控制？

這就是說，作為陳述主體的「我」只是一個起著轉換或指示作用的符號，它只表示在「我」的背後，還有一個言說主體存在，但並不能說出那個言說主體的任何真相。那麼，言說主體的真相，在哪裡可以找到？按照精神分析的邏輯，在言語的斷裂處，在話語的縫隙中，在佛洛伊德所講的那種語言過失中，我們都可以看到言說主體的真相的蛛絲馬跡。

——拉岡

加拉的伴侶一氣之下掐住了她的脖子。她以為自己要死了。

後來，加拉說他這個人暴力，而他總是能夠把情形反轉過來：有問題的是加拉，都是加拉的錯，是加拉把他逼急了。然後他否認：「什麼都沒有發生啊，是你想像力太豐富了。」

加拉自己也糊塗了。她對自己說，是的，什麼也沒發生：「我不相信，不相信我自己，不相信這樣的事會發生在我身上……」

然後**她開始內疚**，**覺得自己瘋了**。「這是我嗎？我在做夢嗎？」

然而，有一天，有人——她自己的女兒——看見了這種語言暴力的場面，證明她沒有在做夢。

但是，加拉卻仍然像看不見、聽不到一樣，認為自己對這場爭吵負有責任。

「現在，我想死……」

剛開始，當伴侶無理取鬧的時候，他用拳頭威脅加拉，加拉會還手。之後，加拉會為自己的態度自責。

從此以後，面對伴侶的攻擊，加拉努力保持冷靜。但是，如果不還手，她覺得自己可能就要從地球上消失了……

除了虛假資訊，加拉的伴侶還使用了雙重資訊的手段。

他在不斷拒絕她的同時，又積極地向她提出邀請。某天，他跟加拉說，他要一個人去旅行。結果第二天，他又讓加拉去找他。加拉不知道要不要去，但她不希望自己是製造問題的那個人，於是決定去找他，並因此推掉了家裡的家庭聚會。加拉剛一現身，他們就又開始吵起來：加拉去得太晚了，去錯了地方等等。

現在的問題是，**每一次，即使加拉知道自己掉進了一個心理陷阱，但她還是會內疚，最終屈服。**

加拉認為伴侶的這些暴力行為來源於羞恥感：他無憑無據地指責了她，對此，他感到很羞愧，於是就說服自己是她搞錯了，都是她的錯。然而，事實並不是這樣的。

「以前，」加拉說，「我會生氣，但是現在，我想死……」

當然，加拉是一個極端的例子，但在我看來，這很好地展現了控制是如何發生的。

八個步驟，擺脫話語控制

擺脫話語控制不是不可能的，它需要經歷幾個必要的步驟。

下方列有一張清單。不是所有的步驟都是有用的。不管你是受害者，還是專業人士，你只需在這張清單裡，選擇在你看來，跟你的情況最相符的即可。

另外，步驟的順序，也可以根據具體情況，進行調整。

以下就是擺脫話語控制的步驟：

1 意識到自己正受到控制。

2 識別控制的性質，甚至控制者進行控制的潛在動機。

3 自問當下的情況是否正常。

4 搞清楚要傾訴的對象。

5 成功抒發。

6放棄改變對方的想法。
7捍衛自己的底線。
8諮商專業人士。

意識到正在發生的事：

確認自己是不是受控者。

首先，要確定自己是不是受控者。這是很關鍵的一步。

在這個過程中，你會遇到很多障礙，其中，第一個障礙就是能否正確意識到在自己和伴侶的溝通中，出現了一些不正常的情況。這很難識別出來，尤其當控制者使用虛假資訊的手段時。

正如我們已經看到的，由於伴侶之間應有的信任和忠誠所帶來的盲目性，受控者可能不會覺察到自己正在被控制。由此可知，受控者很難憑一己之力，從受控的情境中解脫出來。

其實，從定義上講，情侶是一種親密的關係，非常親密，以至於帶有相當程度的封閉性。在面對一些惱人的、傷人的、沒有根據的、含混不清的話語時，沒有第三方來確認或否認我們的感受或苦惱。

七個跡象，確認自己是否被話語控制

然而，還是有一些跡象可尋的，經常是近期出現的、異常的徵兆，我們必須加以注意：

1 爭吵以後感覺精神錯亂，腦子裡像一團漿糊。

2 感受到從未感受到的、不合理的、無確切緣由的內疚感。

3 身體近來出現一些症狀，特別是在與伴侶爭吵以後：身體不舒服、頭痛、非由機體病變引起的胃痙攣。

4 感到憂鬱、自我厭惡、無緣無故的感傷。

5 感到絕望，有暴力或自殺的衝動。

6 對方語言中重複出現「從不」、「總是」這樣的詞，以及動詞「是」（你是、你以前一直是、你以前從來不是……等等）。

7所有讓你對自己的感知產生懷疑的話，出現不再相信自己的感知或推測的感覺，尤其是當這類話語和感覺在正常情況下不曾出現的時候。

所有這些跡象，集中一起出現也好，分開單獨出現也罷。如果它們是近期才出現的，並且沒有明顯的理由（或者是明確的伴侶矛盾），都應該引起注意，因為在這種情況下，我們可能被控制了。

相信自己：

一個人能否相信自身的感受？這是一個從童年就開始建立的漫長而複雜的過程。

其他一些障礙可能與環境因素有關，與個人經歷有關，它們都會使識別控制行為變得困難。

從環境因素來看。有時候受控者並不知道自己是話語控制、虛假論證的受害者，有時候受控者或多或少地意識到了，但是因為各種各樣的原因，在面對這些精神暴力時表現得很被動。

引起這種被動的原因很多：**害怕失去這段關係，因為經濟依賴、社會孤立或者羞恥感，很難或者無法放棄這段關係。**

從個人經歷來看。很明顯，加拉很難相信自己的判斷。相信自己，**相信自己的感知，是一個從童年就開始建立的漫長而複雜的過程。**這一點，我們在第四章談論虛假資訊時，已經說過了。

鑑於這一點很重要，我在這裡再重複一遍。加拉小時候曾經受到虛假資訊的誤導，這使她產生了極度的不安全感，影響了她的成長。

在此強調，哪怕是出於好心，早期受到虛假資訊的誤導，這比和散布虛假資訊的人發生情感連結，更容易致病。

親子關係裡的控制

早年虛假資訊可以表現為多種形式，有很過分的，也有很平常的。它涉及性侵，也涉及孩子的日常生活，尤其是親子關係。

遇到這種情況時，孩子已經接收或感知到發生了什麼事，但這種感知卻遭到否認。

因此，一個女孩在他們們常去的游泳池更衣室裡被父親侵犯。在出去的路上，女孩問父親，父親的這些行為是怎麼回事時，她得到的回答只有否認：「你在說什麼呢？我不知道你在說什麼。」一會兒又補充：「你居然會想像這樣的事情，簡直是邪惡！」

這樣說，是為了擾亂孩子的感知：你所經歷的那些事情，都是夢境，是你想像的，是不存在的。

直到五十多年以後，從醫生的反應中，這個女孩最終意識到自己所經歷的就是事實。

年紀越小的孩子，越容易否認自己的感受

在其他情況下，父子關係也會受到控制。

比如，一位母親可能會當著孩子的面，說：「我家孩子都不知道他的父親不是他的父親。」然而，很明顯，所有的事實都能讓孩子感知到他的父親就是他的父親。

這表明虛假資訊是一種非常強大的機制，它脫胎於特定的情境，它與雙重資訊一樣，只有在受控者和控制者之間存在緊密的情感連結時，才會有效。

對孩子而言，他要面對的問題是：「我該相信我自己感知到的，還是應該相信

那個我依戀著，但卻說我沒有感知到的人？」如果一定要他在情感和感知當中做一個選擇，他會選擇情感。

對於徘徊在應該相信他所敬愛的大人，還是應該相信自己的感知，這兩者之間的孩子。**年紀越小，對家庭和家人越是依戀，就越容易選擇否認自己的感知。**

早期虛假資訊會帶來什麼後果呢？在這種環境中成長的孩子長大以後，如果在親密關係中，遭遇類似的控制，會再次陷入同樣的困境之中。

識別控制的類型：

辨別出自己可能是被哪一種控制類型所控制。

第二步，應該弄清楚哪兒出了問題。

要知道，所有的控制都是經由一種或幾種話語控制手段來完成的。

在前幾章中，我按照這些手段的危害程度，一一做了列舉和闡述。要知道，這些手段並沒有什麼創意，最後也可能成效甚微，比如情感控制。另外，控制行為作用於人的認知領域，比如虛假資訊和病理化。

另外，**如果受控者能夠把注意力放在對方使用的控制手段上，那麼，他就能給自己多留一些餘地。**

因此，我建議，如果受控者和控制者之間的關係出了問題，不要試著去解讀控制者的話語，畢竟結果只會讓人失望。

我建議把關注點放在對方使用的控制手段上，然後看看自己是否能明白對方的話語是如何被扭曲的。

發現控制者的潛在動機：

控制者的五個潛在動機，例如想改變對方、挽留對方等。

控制者想要達到什麼目的？如果我們知道控制者對我們使用了哪種控制手段，我們就有可能得到答案。

下述的內容很重要，它能讓話語控制的受害者，從中抓住常常被掩藏起來的重點。

我先列出控制者的潛在動機，然後指明其使用的控制手段。以下列出的是最常見的情況，可以起到指示作用。

1改變對方：情感控制，主要是激起內疚感。

2挽留對方：情感控制，激起內疚感，威脅。

3隱瞞某種行為：說謊，虛假資訊，雙重資訊。

4 逼走對方：亂貼標籤，虛假資訊，重塑過去，雙重資訊。

5 詆毀對方：汙名化，病理化或亂貼標籤，否認主義。

正不正常：
「我的伴侶正常嗎？」「我自己正常嗎？」「我們的關係正常嗎？」

伴侶之間發生的事情是兩個人互動的結果。雙方對當下的情況都負有一部分責任。那麼，問題來了：在這樣的情況下，對方的反應正常嗎？是在可接受的範圍內嗎？如果不在可接受的範圍內，又該如何應對呢？

問題的關鍵在於，很多人對於伴侶之間的事，不太清楚什麼是正常的，什麼是不正常的，什麼是可接受的，什麼是不能接受的。

羞恥讓她變得沉默

一位女士來諮商，提出了一個困擾她多年的問題：為什麼她的丈夫只跟她進行非傳統的性行為？她的丈夫跟她說，這對她來說是好事，因為很少有丈夫願意跟自己的妻子這麼做。

她從來不敢跟別人說，更不敢跟她的家人說。她的家人一直不明白為什麼她一直懷不上孩子。羞恥讓她變得沉默。

過了好一會兒，她才承認這次諮商，她用的不是真名。只有這樣，她才能張口說出她這些年來經歷的悲劇。

如何判定在親密關係中什麼是正常的？應該以個人標準，還是世俗標準（經由家人、媒體、專家進行傳播）為優先？如何知道什麼是可以接受的、什麼是不能接受的？如何捍衛自己的底線和觀點？

這個問題最初是針對某個具體情況的，但有時候，它會衍生出一系列其他問題：「我的伴侶正常嗎？」「我自己正常嗎？」「我們的關係正常嗎？」

這些問題的答案，與受控者是否明確知道自己隱私的範圍和底線密切相關。

要知道，個人隱私是指每個人設置自己底線的權利，也就是他決定是否將自己的身體、感受、想法和意見，向另一個人開放的自由。

一個人在建立個人隱私領域的過程中，將自己從家族中抽離了出來：個人身體方面，他會做各種嘗試和體驗，按照自己的意願去支配身體，自己決定是否以身相許；精神方面，他會去探索新的、可能與家人不同的世界觀，去接觸新的認識觀、政治觀、哲學觀和宗教思想，並自己篩選合適自己的；最後，個人能力方面，他會進行專業化的學習，在職業、藝術或其他方面有所建樹。

個人隱私的建立算是一種學習，或者說是一場戰鬥。這一過程，與熟人、父母、兄弟姊妹、朋友，特別是青少年時期有很大聯繫。控制的效果是否明顯，與受控者保護個人隱私，免受不當侵害的能力強弱有關。

向第三方求助

總結一下，能意識到自己與另一個人的對話中出現了不正常，是不容易的，它取決於很多因素：對這段關係的信任程度和對自己感知的信任程度、在親密關係中保護自我隱私的能力、必要時向他人敞開心扉的意願，以及經濟和情感的依賴程度。

不管怎麼樣，在親密關係中，正常還是不正常，是件主觀的事。如果你對伴侶的行為產生了懷疑，如果你不知道他的行為是不是可以接受、可以忍受的，最好還是向第三方求助。

第三方可以讓你擺脫伴侶的控制，尤其是，正如我們馬上就會看到的，當你是虛假資訊的受害者時。

向誰訴說？

向他人傾訴，是擺脫控制的第一步。

奧克桑與丈夫在散步，中途想找一個氛圍好一點的地方喝一杯。他們路過一家還不錯的酒吧，便坐下了。

她問丈夫：「你還記得嗎？我們一年前來過這裡。」剛開始的時候，丈夫有些懵，但他還是回答說，不是這家店，是另一家，離得很近。

奧克桑堅持自己的說法，並且告訴他，那個時候，他就把一把傘落在了那兒。然後，她丈夫就生氣了，說她總是覺得她自己是對的，說她總是想要掌控別人、讓人無法忍受，說他確定他才是對的：不是，不是那兒。

奧克桑被弄糊塗了，心想是不是自己弄錯了，於是就道了歉。

付了錢後，他們向出口走去，然後他們發現了……去年落在這兒的那把傘！

但是奧克桑的丈夫還不肯承認，他說這把傘不是他的。

奧克桑心裡知道自己是對的。但丈夫連這麼一點小事都不願承認，這在她的心中埋下了懷疑的種子，**她不再清楚該相信誰：她自己，還是她丈夫？**

直到把這件事告訴了她最好的朋友以後，她才確定自己是對的，並最終從那段對話所帶來的困惑和茫然中解脫出來。

她應該相信自己的感知嗎？

親密關係包含兩個層面：一個是伴侶兩人各自私密空間的聯繫，另一個則是伴侶兩人共同的私密空間和外部世界的聯繫。

問題的產生，比如因為使用了不當的語言，而使兩人的關係出了問題，會給上述這兩個層面都造成壓力。

從伴侶兩人的共同私密空間來說，通常情況下，有些事情是不會對外部世界（家人、親戚、朋友）公開的。

如果你的伴侶向旁人透露了屬於你們兩個人的隱私，那麼他，或者她，就壞了規矩。

當其中一個人懷疑兩人關係中出現了什麼不正常時，問題就產生了。畢竟如果已經不再信任對方，那麼，向外部世界訴說將變得非常具有吸引力。問題就在於說的人，可能會覺得這是「洩露隱私」，是對雙方關係的不忠，並因此在第三方面前感到羞恥，在伴侶面前感到罪惡。

所以，問題的關鍵，在於分清哪些應該屬於兩個人的隱私，哪些可以向外界透露。我有說這件事的權利嗎？說了會造成什麼樣的後果？什麼時候、向誰吐露自己的疑慮？

「疑慮」這個詞很重要。我們在奧克桑的例子中，已經看到了。雖然事實就擺在眼前，但心中的不安使奧克桑猶豫了：她應該相信自己，相信自己的感知嗎？**這種疑慮不能持續太長時間，否則持續的不安，比如自我貶低、缺乏自信，就會在心中扎根。**

遇到這些情況，最好還是向他人傾訴。

原因有二：**第一，傾訴的過程相當於把事情的經過都梳理了一遍，這是擺脫控制的第一步。第二，你傾訴的對象可能會告訴你，他相信你對當前情況的感知。**

早前提到的加拉，就向她非常尊敬的一位女性牧師朋友，訴說了自己的心事。在得知加拉丈夫的所作所為以後，這位朋友反應強烈：「天哪！這個下流胚！」這讓加拉馬上意識到自己所遭遇的情況，並不正常。

大發雷霆：

當我們發現對方對我們使用了控制手段，發火是正常的。

該做什麼樣的反應？當我們覺得自己被控制時，該怎麼做？在這裡，最緊要的是要知道，**當我們發現或者確定對方對我們使用了控制手段，發火是正常的。**如果一點感覺也沒有，反而可能會使怒火傷到我們自己，導致憂鬱或一些自我毀滅的行為（比如，接受不利的分手條件、憐憫控制者，或是貶低自己），甚至引發自殺衝動。

記住，這時表達自己的感受，展現自己的溫良恭儉讓的優良品格，都是不恰當的反應。

比如，你們的結婚紀念日，他忘記得一乾二淨了。這時，你要真的很生氣，如果你使用非暴力溝通的方式說：「今天是我們的結婚紀念日，我本希望你能有所表示，而你卻什麼表示也沒有，這讓我感到非常失望和難過，我覺得自己沒有得到你的重視，但也許你有你自己的愛的語言，我卻沒有接收到。我不應該這麼情緒化的，老是沉浸在自己的情緒中，也許你可以選擇另一種更明確的愛的語言。」

聽到你這些話，他可能也會表達一下自己的歉意。實際上，他並不把這當一回事，只是因為你都這麼說了，他還能說什麼呢？

在任何情況下，都不要接受毫無誠意、敷衍潦草的道歉。如果你感覺不到他的誠意，請相信你的直覺。

放棄改變對方的想法：

這是擺脱控制的重要一步。

要當心憐憫這種情感的出現。

憐憫之心通常來說是值得稱讚的，但是當你處在被控制的境地時，憐憫會讓情況變得更糟，因為它讓你總覺得還有希望，認為伴侶之所以會這麼做，是因為**他在過去沒有好好地被愛過。**

不管這個假設是真，還是假，它都會讓你抱有希望，期待著對方可能會改變。也就是因為這樣，加拉改變了自己的行為，試圖以此來改變對方。結果是令人失望的，但她並沒有喪氣，仍然堅持己見：來診所諮商的時候，加拉還希望伴侶也來諮商，並期望伴侶能夠經由諮商，發生改變……

放棄改變對方的想法是擺脱控制的重要一步。這並不意味著我們就要一直保持被動。只不過，我們不再去想著要改變對方，而是用另一種方式來應對，那就是捍衛自己的底線。

捍衛自己的底線：

這使你能夠在保護自己領地的同時，保持你的尊嚴。

底線和邊界之間是有區別的。想要改變對方，結果往往是令人絕望的。你的種種要求往往會給爭吵製造機會。作為回擊，你的伴侶會讓你覺得，首先要做出改變的人應該是你。

你不聽我的話，我也不聽你的，矛盾就這麼產生了。「改改吧，你！」「不，應該改變的人是你！」就這樣，一道邊界、一堵城牆便將你們分隔開來。

而訴諸自己的底線就不一樣了。這使你能夠在保護自己領地的同時，保持你的尊嚴。

既能保護你，也能讓你得到尊重

如果你告訴伴侶，他已經觸碰到你的底線，當前的狀況，讓你受到了影響和傷害，你已經無法接受了，那麼，對方就必須做出選擇：要嘛決定改變自己的行為，要嘛堅持自己的態度。不管怎麼樣，他都會有所反應。

所以，與其和對方鬥爭，不如捍衛自己的底線。這樣，你也不會在你和伴侶之間築起圍牆。

再說回加拉的例子。加拉本可以不攻擊伴侶設立的圍牆，而是告訴對方，對方的所作所為已經逾越了她的底線。對方可以自由決定要不要改變。

讓我們明確一點：這種表達方式不會產生奇蹟，但它可以保護你，因為經由這種方式，你會受到尊重。

無論你如何堅持不懈、殫精竭慮地想要改變他人，終究會歸於失敗。

直面這個失敗，**你就可以避免壓抑自己、貶低自己，你可以在自己的眼中重新獲得尊嚴。**

避免情況再次發生：

瞭解控制，並試著清空心中殘餘的怒火，將對你的下一段親密關係有所幫助。

顯然，**對於控制的受害者，他們的信任感會受到折損。**他們在重新建立親密關係時會覺察到這個問題。它所造成的間接影響就是疑心過度，這不利於建立新的親密關係。

想要讓新的伴侶不因此受到影響，這不太容易。瞭解控制可以有所幫助。或者，你也可以在接受個體諮商的時候，試著清空心中殘餘的怒火。

第八章　專業幫助能帶來什麼？

一個人怎麼看待自己，決定了此人的命運，指向了他的歸宿。我們的展望也這樣，當更好的思想注入其中，它便光明起來。不管你的生命多麼卑微，你要勇敢地面對生活，不用逃避，更不要用惡語詛咒它。

——梭羅，《種子的信念》

當然，為了尋求幫助，為了確認或否認自己的感知，你很有可能會選擇依賴專業人士。

你要知道，這個選擇也許並不能幫到你，甚至會使情況變得更嚴重。

當諮商心理師的介入，使情況變得更嚴重時：

有些精神科醫師、心理或者其他專業人士認為事情非黑即白。

情況的惡化可能朝著兩個方向發展。第一種，有可能你的諮商心理師不能從你的角度去分析問題，從而解決問題，相反，他讓你覺得責任在於你，從而讓你深陷困惑，變得更加痛苦。

另一種可能，則是你的諮商心理師是一個概念論者。這類人士認為所有的控制都是因為控制者的「病態自戀」，你的伴侶也會被歸為這一類人，而解決問題的辦法只有一個，那就是離開他。

有些精神科醫師、心理或者其他專業人士認為事情非黑即白。他們既沒有考慮到兩個活生生的人之間的關係，也沒有考慮到他們可能在另一個當事人不在場的情況下就下結論。

在宣判某段關係無藥可救之前，諮商心理師應該跟雙方見見面，一些讓人痛徹心扉的離別和某些越演越烈的暴力行為，是可以避免的。

有一位女士某天發現，她丈夫的諮商心理師給她丈夫發的郵件，開頭就說：「我不明白你為什麼還能跟一位顯然不愛你的女人繼續生活。」而這位諮商師對她的瞭解，僅限於丈夫在諮商時所說的隻言片語……

把選擇權交給來訪者，是心理師的職業道德準則：

目標是不譴責控制者，也不讓受害者在背黑鍋的情況下，提供幫助。

這屬於職業道德準則問題。我們的目標是在不譴責控制者，也不讓受害者在背黑鍋的情況下，提供幫助。

使用了話語控制，並不一定就讓你成了「病態者」或是「自戀者」。同樣地，被控制了，也不一定就意味著你被伴侶的行為欺騙了，而是因為某些原因，你不願意揭露遊戲的真相罷了。

此外，通常情況下，兩個人都在試圖控制對方，比如當兩個人都竭力想讓對方內疚，讓對方為雙方關係出現的問題負責。

諮商心理師也不應該表現得太天真。**有些控制行為裡摻雜了經濟利益、財產分割和孩子監護權歸屬的紛爭。**遇到這類控制行為，與其說來訪者需要治療，不如說他們需要調解。

當伴侶中的某一個人來尋求個人幫助時，諮商心理師要能夠知道其中涉及的紛爭，要明白在這樣的請求背後，也許還有別的想法，要知道之後可能會有律師來向我們要證詞，來證明他的客戶所控制者的心理狀況。當然，根據職業保密的規定，我們是不能提供這樣的證明的。

不管怎麼樣，有些請求是正當、合理的，我們應該幫助這類受控者，明白其中的利害。這時候的控制者，我們可以不再稱之為伴侶，而是敵方、對手。

即使受控者知道自己被控制了，仍需要別人明確地告訴他

一般來說，我主張經由與來訪者對話，最終將選擇權交給來訪者：治療的目的，是讓受控者瞭解自己在這段關係中的位置，並經由自己所掌握的資訊，瞭解其伴侶所使用的控制手段和背後隱藏的動機，如此一來，受控者就能夠選擇最合適的應對方法。這對他來說，可能非常重要，因為這關係到這段感情是否還有必要存在。

當然，根據受控者是單獨來諮商，或是與伴侶一起來諮商，那麼，治療方法也會不一樣。

如果來訪者隻身來到診所，讓我們幫他確認他對情況的感知是否正確、該做什麼樣的決定，我們最好能夠先瞭解來訪者和伴侶之間的關係如何，瞭解這段關係對他來說，有多重要。

對於一個社會人際關係廣、歸屬感多樣化（家庭、朋友、兄弟姊妹、工作）的人，和一個伴侶就是、或者基本是他唯一來往和依賴的對象的人來說，方法是不一樣的。

雖然不難告訴受控者，他可能受到了哪些控制，但是發表對控制者道德品格的看法，卻不容易。畢竟我們瞭解的只是受控者口中的他，也就是說，對於那個處於諮商關係之外的他，我們並不瞭解。

但是，這也不意味著，我們就不瞭解受控者的痛苦。事實正好相反，很可能，我們第一步會做的，就是承認控制發生的事實，以及控制是一種帶有欺騙性的行為。這甚至可能是很關鍵的一步，因為在很多情況下，即使受控者知道自己被控制了，他也需要別人明確地告訴他。

向受控者表現出我們相信他是痛苦的，也知道他痛苦的原因，而不是，比如在面對一個神經過敏的受控者時，用一些約定俗成的辦法來處理，即使常常是他自己造成了自己的痛苦。

關鍵不在於揭露控制者，而是讓受控者從這段屈從的關係中解脫出來

回到加拉的故事當中，她接受的治療能帶來什麼呢？加拉遇到了多種形式的控制：虛假資訊、病理化、雙重資訊。該給出什麼建議呢？

當然，指出加拉受到一個「病態自戀者」的控制，並不難，但是這對解決問題有什麼幫助呢？很顯然，**加拉和伴侶之間的關係是扭曲的。加拉因為自身的問題，總是會貶低自己，不相信自己的感知，容易內疚，而這一切讓她成了控制者理想的另一半**。如果換作別人，她的伴侶還走不到這一步呢。

在這裡，我們可以用一個法律概念來做解釋：濫用對方的弱點。法律對這項輕罪的定義是：「濫用對方的弱點，指的是利用一個人心理或生理上的無知或脆弱，引導對方做出自己無法知道其中利害的行為。」與其把她的伴侶定義為病態自戀者，不如說他們之間的關係是病態的，甚至是「變態的」。

我們所看到的正是隨著時間的推移，問題變得越來越多的親密關係，而這是兩個人互動的結果。

加拉受到了嚴重的控制。指責她的伴侶，給他貼上「病態」的標籤，只會徒增加拉的內疚感，因為這樣做，可能有意無意地向她傳遞了某種資訊，讓她覺得別人都不明白，為什麼她還要繼續這段明顯不正常的關係。

她知道他們的關係是不正常的，奇怪的是，她相信情況還可以逆轉，她一直期望著伴侶會改變。

首先，我們應該分析控制的機制。問題的關鍵，不在於她的伴侶本人，而在於加拉和伴侶的這段關係。在其他的控制情景中，也一樣，比如在控制者使用病理化手段時，問題的關鍵不在於揭露控制者，而是讓受控者從這段屈從的關係中解脫出來。

視線再次回到加拉身上。當我見到這對夫妻時，我就知道她的伴侶也受到了雙重資訊的影響：一方面，他沒有辦法保障自己的收入，在經濟上依靠著加拉生活；另一方面，問題不在於弄明白他是否愛加拉，因為他厭煩的就是他沒有別的選擇，只能忍受與加拉在一起。

因此，當我們碰到這種情況時，似乎最好還是不要僅僅滿足於治療受控者，**我們要試著與夫妻或情侶兩人見面，這樣能夠更好地幫助我們分析致病過程。**然後，我們要做的，就是陪伴他們按照上述的步驟，進行治療。

傾訴的好處：

讓事實得以呈現。

如今，我們有一些特殊的方法來應對這些控制行為。這些方法的根本，就是瓦解溝通過程中的控制機制。

諮商心理師在其中扮演的角色，等同於《國王的新衣》中的小孩。其要點是在不揭穿對方的情況下，挑明某些事情，讓事實得以呈現，改變伴侶交流的二元結構。

故事中，小孩的話道出了事情的真相：「可是國王是光著身子的呀！」然後，大家便都看到事情的真相。最終，在伴侶之間生成共同知識（common knowledge）效應。

如果話語控制，特別是當對方使用了虛假資訊的手段時，已經明顯讓受控者變得盲目，甚至讓後者覺得自己「生病了」，因為他對伴侶的忠誠持有某些想法或心存疑慮，那麼，諮商心理師可能會起到決定性的作用。

通常情況下，共同知識效應的產生，需要有一個假想的第三方。諮商心理師挑明了事情的真相後，一方就知道對方是知情的，如此，就避免了之前那種一方知情，另一方陷入懷疑，不知道自己該相信，還是不該相信，知情，還是不知情的情況。

「坦誠」中的控制行為

下面這個例子，講的是一對四十多歲的夫妻。女方有一份體面、高薪的工作，男方已經失業幾年，需要女方養著。男方趁失業有時間，就去學了放鬆療法。

當我見到他們的時候，他剛開始從事放鬆療法的工作，這份工作讓他經常有機會接觸一些年輕女性。

這對夫妻告訴我，他們來諮商，是因為男方「坦誠」地承認他愛上了自己的幾個病人。另一次諮商的時候，他愛上的這些病人減少到了一個。他想要跟這個女人在一起，但是這個女人已經結婚了，而且還在猶豫要不要離開現在的丈夫。

男方說他自己也很猶豫，如果可以的話，他想要同時跟她們兩個人在一起。他的妻子聽後崩潰了。

至於我，我聽了以後很困惑。這個情況看起來是不對稱的。

男方說他在猶豫要不要走出這一步，如此一來，他就把妻子放到了一個乞求者的位置上。我直接挑明了男方「坦誠」中的控制行為：他讓妻子等他做出決定，讓妻子處於等待的焦慮中，給妻子的心理造成了傷害。

在這裡，「坦誠」可能只是給男方一種感覺，讓他覺得自己可以等待時機，暫且與妻子維持婚姻關係，畢竟他這份工作掙的錢不多，妻子可以養他。

總而言之，**這種坦誠只是一個幌子，是男方擔心自己的情人最後沒有選擇跟他在一起，而給自己留的一條後路。**

怎麼應對呢？我決定重新定義「坦誠」：「女士，你的丈夫坦誠地告訴你，他在猶豫要不要留在你身邊。他的一席話讓你處於無止境的等待之中，讓你無法看清自己的處境，無法找到自己的位置，無法擺脫這讓人難以忍受的等待，讓你無法擁有你的丈夫所擁有的那種自由。這些，我們都知道，但是你身邊卻沒有人能告訴你。也許，這也正是你的丈夫經由他的坦誠，所要告訴你的吧。」

結語　放棄不等於失敗

人是喜歡逃避自由的動物。有一個叫「選擇困境」的心理學理論，人們害怕選擇的理由主要有兩個：因為要為選擇承擔責任而焦慮，因為放棄了另一個選擇而擔憂。

——佛洛姆，《逃避自由》

親密關係需要雙方非常多的個人投入。這種對個人投入的渴求是其他事物不可比擬的。要想維持親密關係，需要交付出自己的身體、個人空間、資源、情感和能力。我們能理解，放棄一段感情是很難的，甚至對某些人來說，我們在前文也看到了，是無論如何也做不到的，這些人的病根也比較深——他們期望對方會改變，拒絕面對現實。即使這場戰爭已經輸了，他們也不願意放棄。

在這種情況下，諮商心理師面前的來訪者，就如同一個堅信自己明天能翻本的賭徒。

當受控者最終意識到自己的努力沒有用，決定放棄這段關係，離開那個只能給雙方帶來痛苦的人時，新的問題又來了：**如何面對重新找回的自由。**

剛開始的時候，重新開始另一種生活，常常是非常困難的。但是之後，來訪者就會感受到快樂和幸福。

坦白說，諮商心理師的工作並不總是能夠得到大家的認可。相反，來訪者有時候會埋怨心理師讓他們找回了思考人生的自由，幫他們擺脫了困擾他們的盲目性。於是，我們在社會上就跟記者一樣，被指責只會報憂不報喜，有時候甚至還會因為來訪者自己所說的話而擔負責任！但這就是否認我們的作用的理由嗎？

要知道，埃利・維瑟爾（Élie Wiesel）說過：「沉默只會鼓舞折磨者，而非被折磨者。」[1]

1 一九八六年十二月十日諾貝爾和平獎領獎致詞。

國家圖書館預行編目資料

有毒的話語：親密關係裡的話語控制／羅伯特・紐伯格（Robert Neuburger）作；楊燕萍譯.　——初版.——臺北市：寶瓶文化事業股份有限公司，2021.01
面；　公分.——（Vision；205）
譯自：LES PAROLES PERVERSES：les reconnaître, s'en défaire
ISBN 978-986-406-210-2（平裝）
1. 兩性關係 2. 兩性溝通
544.7　　109020068

寶瓶 AQUARIUS

Vision 205

有毒的話語——親密關係裡的話語控制

作者／羅伯特・紐伯格（Robert Neuburger）　譯者／楊燕萍

發行人／張寶琴
社長兼總編輯／朱亞君
副總編輯／張純玲
資深編輯／丁慧瑋　編輯／林婕伃
美術主編／林慧雯
校對／張純玲・陳佩伶・劉素芬
營銷部主任／林歆婕　業務專員／林裕翔　企劃專員／李祉萱
財務主任／歐素琪
出版者／寶瓶文化事業股份有限公司
地址／台北市110信義區基隆路一段180號8樓
電話／(02)27494988　傳真／(02)27495072
郵政劃撥／19446403　寶瓶文化事業股份有限公司
印刷廠／世和印製企業有限公司
總經銷／大和書報圖書股份有限公司　電話／(02)89902588
地址／新北市五股工業區五工五路2號　傳真／(02)22997900
E-mail／aquarius@udngroup.com

著作完成日期／二〇一六年
初版一刷日期／二〇二一年一月
初版二刷日期／二〇二一年一月四日
ISBN／978-986-406-210-2
定價／二八〇元

AQUARIUS 寶瓶 文化事業

愛書人卡

感謝您熱心的為我們填寫，
對您的意見，我們會認真的加以參考，
希望寶瓶文化推出的每一本書，都能得到您的肯定與永遠的支持。

系列：vision 205　**書名：有毒的話語——親密關係裡的話語控制**

1. 姓名：＿＿＿＿＿＿＿＿　性別：□男　□女
2. 生日：＿＿年＿＿月＿＿日
3. 教育程度：□大學以上　□大學　□專科　□高中、高職　□高中職以下
4. 職業：＿＿＿＿＿＿＿
5. 聯絡地址：＿＿＿＿＿＿＿＿＿＿＿＿＿＿＿＿＿＿＿

   聯絡電話：＿＿＿＿＿＿＿＿　手機：＿＿＿＿＿＿＿＿
6. E-mail信箱：＿＿＿＿＿＿＿＿＿＿＿＿＿＿

   □同意　□不同意　免費獲得寶瓶文化叢書訊息
7. 購買日期：＿＿ 年 ＿＿ 月 ＿＿日
8. 您得知本書的管道：□報紙／雜誌　□電視／電台　□親友介紹　□逛書店　□網路

   □傳單／海報　□廣告　□其他
9. 您在哪裡買到本書：□書店，店名＿＿＿＿＿＿　□劃撥　□現場活動　□贈書

   □網路購書，網站名稱：＿＿＿＿＿＿＿　□其他＿＿＿＿＿＿
10. 對本書的建議：（請填代號　1. 滿意　2. 尚可　3. 再改進，請提供意見）

    內容：＿＿＿＿＿＿＿＿＿＿＿＿

    封面：＿＿＿＿＿＿＿＿＿＿＿＿

    編排：＿＿＿＿＿＿＿＿＿＿＿＿

    其他：＿＿＿＿＿＿＿＿＿＿＿＿

    綜合意見：＿＿＿＿＿＿＿＿＿＿＿＿＿＿＿＿＿＿＿＿＿＿＿＿
11. 希望我們未來出版哪一類的書籍：＿＿＿＿＿＿＿＿＿＿＿＿＿＿＿＿

讓文字與書寫的聲音大鳴大放

寶瓶文化事業股份有限公司

（請沿此虛線剪下）

廣　告　回　函
北區郵政管理局登記
證北台字15345號
免貼郵票

寶瓶文化事業股份有限公司收

110台北市信義區基隆路一段180號8樓

8F,180 KEELUNG RD.,SEC.1,

TAIPEI.(110)TAIWAN R.O.C.

（請沿虛線對折後寄回，或傳真至02-27495072。謝謝）